Saitawürschtla

und
weitere umegliche Tatsacha

Neues vom Saitenwurschtäquator

von

Sonja und Wilfried Albeck

Imbressum - oder was mr wissa sott...

Texte und Ideen: Sonja und Wilfried Albeck

Illuschtraziona: Michael Gref

Titelbild: Richard Ruckaberle

Bearbeitung und Geschtaltung: Sonja Albeck

Druck: Druckerei Scholz, Flein

Erschiena im: Verlag Albeck, Flein

Kirchgasse 14, 74223 Flein
Fax-Nr. 07131/572661
Internet: www.saitenwurscht.de

...auch dieses Buch ist wieder in der neuen deutschen Rechtschreibung verfasst - etwaige Fehler sind daher beabsichtigt...

ISBN 3-9806999-4-3

Inhalt   Seite

Inhalt	**Seite**

Inhalt

Mittadrin (Vorwort)

Geografisch betrachtet liegt unser Schwabenland eigentlich ziemlich in der Mitte. Wer's nicht glaubt, muss nur auf die Weltkarte schauen, denn da liegen wir rings umgeben von Nachbarländern.

Wir stehen also in der Welt nicht alleine. Auch unser Dialekt nicht, der sich im Wettstreit mit anderen bemüht, das Kulturgut, welches uns als Sprache überliefert ist, möglichst zu bewahren und fortzuführen. Dieses wohl gemeinte Vorhaben wird uns aber von allen Seiten vergönnt und schwer gemacht.

Was gilt heute noch ein Dialekt, wenn die ganze Welt freiwillig und kopflos in dumpfem Einheitsslang verfällt, wenn unsere Mutter- und Vatersprache von Tag zu Tag mehr einer Verdrängung durch unschwäbisches Wortgut unterliegt? So schreitet die Zerstörung der Dialekte und somit auch die der Anwender immer weiter voran. Man verliert, nach seinem Schnabel, der einem lieb und recht gewachsen war, auch noch ein Stück seiner Identität.

„Dem sei Schproch hat koi Hoimet", galt früher in umgekehrter Sichtweise. Die Vertriebenen hatten durch Kriegswirren ihre Heimat verloren und wurden durch ihr Anderssein und -sprechen auffällig und oft misstrauisch beäugt. Und heute? Geht uns nicht die Heimat auf andere Weise verloren? Was sich in Jahrhunderten aus räumlicher Enge heraus entwickelt hat, verliert sich rasend schnell mit der Öffnung der Welt. Die Dialekte stehen heute nicht nur schwabenweit, sondern global am Scheideweg.

Für uns als „Mundart-Schaffende” stellt sich die Frage, wie man das Interesse am eigenen Dialekt bewahren und fördern kann, um nicht zuletzt sich selbst bald einer brotlosen Kunst zu verschreiben.

Das Land ist wie das Leben ständig den verschiedensten Veränderungen unterworfen und somit aus unserer Sicht auch die Mundart. Wir als Autoren legen Wert darauf, nicht nur traditionelle Themen und Klischees aufzugreifen, sondern auch zeitnahe Ereignisse und Trends zu beachten. Auf die Realität des „Heute” wollen wir gewohnt humorvoll, aber auch kritisch, ab und zu etwas frech und unkonventionell, eingehen.

In unserem Schaffen suchen wir ein „modernes Schwäbisch” zu finden, das sich nicht auf die längst verbrauchte Kunst der Volkstümelei gründet. Mit einer guten Portion Selbstironie streben wir mit unseren Mitteln danach, die Vielschichtigkeit der „schwäbischen Lebensart” aufzuzeigen.

Es wäre zu wünschen, dass die Schwaben, insbesondere die schwäbisch Sprechenden, nicht verloren gehen. Frisch und unverkrampft ist doch der Dialekt die beste Möglichkeit, die Schönheit unseres Landes mit der Seele seiner bodenständigen und selbstbewussten Bewohner zu verbinden. Ein Dialekt, der nicht im tiefsten Inneren der Menschen gefestigt und beheimatet wäre, sich nur auf seine „Alibi-Schwaben" beschränken würde, wäre doch längst tot und vergessen.

Wenn wir auch in Zukunft unseren Dialekt als reiches Kulturgut bewahren wollen, dann sollten wir ihn täglich als ein wertvolles Gebrauchsgut benützen –

modern, offen, ehrlich und herzlich...

...mir wünscha Euch auf jeden Fall
au mit unserm neua Büachle
wieder viel Schpaß

Sonja und
Wilfried Albeck

Bitte sprechen Sie nach dem „Piep"...

Zu den wertvolleren Eigaschafta dr Technik zählt mr heut ganz beschtimmt au dr Telefonknecht, also dr Oruafbeantworter. Ein Telefonkäschtle, wo im Prinzip jedem Oruafer schteckt, dass mr selber grad net momentan und erreichbar isch.

Dabei kann so ein Oruafbeantworter natürlich koin Oruaf beantworta! So ein Piepserle kann bloß des wiedergäba, was mr ihm vorher und hoffentlich wohl überlegt draufbabbelt hat.

Leider beginnt aber bereits beim Beschprecha dieses Kommunikationssklava des eigentliche Dilemma. Was soll mr denn dem Käschtle überhaupt auf's Band schwätza? Es sott kurz, aussagekräftig, drzua no möglichscht gscheit sei und au für potenzielle Eibrecher abschreckend wirka. So eine Osag sott also ugfähr folgende Komponenta beinhalta: „...also grad im Moment bin i für a Weile net do, aber sofort bald wieder zurück und dr Hund isch drhoim...piep!" Präzise Aussage und Warnhinweis also in einem Satz.

Mr legt natürlich au Wert auf a bissle Individualität und ebenso auf Originalität. So versuacht mr dem Text auf seim Oruafantwortbändle eine möglichscht persönliche Note zu gäba: „...guten Tag lieber Anrufer, in dem Augenblick, in dem Sie jetzt anrufen, sind wir nicht zugegen. Wir werden aber bald wieder zurück sein. Für den Zeitraum dazwischen bleibt Ihnen zu unserer Information unser...piep." Doch es geht noch origineller: „Also, do isch dr Albert, bloß der isch grad net dohoim und kann nix mit dir schwätza. Am Halber bin i wieder zrück. Bis dort no...piep." Oder: „Mir sind net do. Wenn's ebber Recht's isch, no ruft'r wieder o, ansonschta...piep!"

*

Mei Schwägerin hat au in ma Ofall von Selbschtverwirklichung vor a paar Wocha ihr Telefo neu beschprecha wella. Sie hat sich mit ihrm Mo zamma an passenda Text überlegt und, weil tatsächlich an Hund do war, diesen au auf's Band integriera mega. Sie hent sich also ausdenkt, dass jedesmol, wenn dr Oruafbeantworter nogeht, ihr'n Hund zwei- bis dreimol draufbella sott und sie oschließend selber dr Text draufschprechet.

Die praktische Umsetzung dieses Vorhabens hat mr sich oifach denkt, isch aber gar net leicht gwä. Also: Dr Hund vor am Telefo plaziera und zum Bella kriaga. Aber wie kriagt mr auf Kommando an Hund zum Bella? Mit Zurufen wie: „Akhor, auf, bell amol!", isch mr net weiterkomma. Der Scheraschleifer hat ja au net wissa könna, was mr von ihm gwollt hat. Mit einer Lischt hat mr'n dann aber doch überrumpelt. S'hat bloß oiner an dr Haustüra schella braucha und scho hat der Hund losbellt und weiterbellt und nimme aufghört. Die zwei und ihr'n Hund, die hent weiß net wie lang gschellt, aufgnomma, wieder glöscht und draufgschwätzt, so lang, bis dr Hund nimme gwollt hat. Wo nach am 23. Mol schella no immer koin Bsuach in'd Wohnung komma isch, hat au dr Hund gschnallt, dass do ebbes net schtimma kann und nimme mitgmacht.

Also isch a Zwangspause für's Hundle eiglegt worda, bis des tierische Kurzzeitgedächtnis wieder einigermaßa glöscht gwesa isch. Dann aber sind se mit vollem Eisatz ans Werk ganga. Mei Schwägerin hat sich dr Hund gschnappt, zwischa d'Füaß neiklemmt und ihm's Telefo direkt an'd Schnauza ghalta. Dr Schwoger hat gschellt, isch glei reigsaut und hat dem kläffenda Viech mit Gwalt d'Schnauza zuaghoba. Oschließend hent beide no schnell dr eischtudierte Text draufbabbelt und endlich war die neue Osag im Kaschta.

Als Teschtperson hab i mir als Erschter diese neue Informatio abhöra dürfa und war tatsächlich äußerscht beeidruckt: „Wuff, wuff, wuff - grgrgr - wuff - jetz halt scho dei Goscha - im Moment sind mir leider net - wuff - grgrgr - zu Hause oder dahoim, könna aber - mensch, heb'n doch besser - nach dem Piep - grgrgr - a Nachricht draufschwätza - wuff - des kenna mr so net lassa - piep!"

Durchaus originell und aussagekräftig. Aber die Beide waret mit ihrem Endprodukt irgendwie net richtig zfrieda. So hat's noch viele Mol schella, saua, bella, zuaheba, neiklemma und draufschwätza braucht, bis dr Oruafbeantworter schiergar

UNSER BESTER

ausgleiert, aber endlich doch zufriedaschtellend beschprocha war.

Die Hundenummer hat leider einen unerwünschta Nebaeffekt nach sich zoga. Immer, wenn jetzt bei dene Zwei s'Telefo klingelt hat, isch dr Hund schier vorückt worda. Der hat des Telefo ausbellt und gar nimme drmit aufghört. Es isch absolut nimme möglich gwä, a normales, fernmündliches Gschpräch zu führa. Dr Hund hätt dr Apparat am liabschta voschüttelt, wenn mr'n glassa hätt.

Aber zum Glück gibt's ja da noch den Oruafbeantworter, wo mr sei Sach in Ruhe und ohne Gebelle draufschwätza kann! Do drmit kann mr au in solch schwierige Lebenslaga d'Kommunikatio aufrechterhalta - wuff!

So an Liaber!

Heba sie bloß ihr'n Hund!

No koi Angscht, der duat nix! Des isch an brava Hund.
- Platz!

Ja, sie könnet ruhig an'em vorbei!
- Bleibsch hocka!

Oifach ganz normal laufa und net hergugga!
- Platz, du Dunderwetter!

Mein Hund isch guat zoga, normalerweis macht der nix!
- Bleibsch jetz drunda!

Sie dürfet halt koi Angscht haba! Des merkt der glei, wenn ebber Angscht hat!
- Platz jetzt, du Scheraschleifer!

Sie schwitza doch hoffentlich net? Also wenn oiner schwitzt, des kann'r gar net braucha!
- Platz!!!

Jo net saua! Des wär's Dümmschte, was sie macha könntet! Ganz langsam laufa, weggugga und net schwitza. Der Hund merkt glei, wenn's net so isch, wie's sei soll. Dumm isch der net!

Halt, i hab doch gsa, net saua! **-**

- Bleibsch do du Dunderwetter! I schlag dir glei dei Halsband um'd Ohra rum! Aus! - Aus!!

Mei Hosa!!

Was soll denn sei mit ihra Hosa??

Ihr'n Sauigel hat mir mei beschte Hosa hiegmacht!

Do kann doch i nix drfür, dass sie zum Schpazieralaufa im Sonntagshösle rumsauet!

I zeig sie o!!

Was wella sie? Mi ozeiga? Ha des wär ja no schöner! Sie sind doch selber schuld! I hab doch deutlich gsagt, sie sollet net saua! Aber sie hent ja net auf mi höra wella!

Ha so geht's doch net.. des isch ja... i hol glei d'Poli....

*

...komm Harryle, mir lassa den Dackel schreia, gell? Mir gehn weiter, der Dalger hätt jo folga könna...

Drum prüfe...

A Hundle isch doch ebbes Schönes.

So a Hundle weiß genau, wer sei Herrle isch.

Des isch dein beschter Freind, gehorsam und treu.

A Hundle muass mr net um Erlaubnis froga, wenn mr mol ausgeha will. So a Hundle freut sich sogar, wenn mr schpät obends hoimkommt.

Genügsam, ukompliziert. So a Hundle hat koi Migräne und braucht net schtändig ebbes Neues zum Ozieha. Wenn'd mol voreisa willsch, no kannsch's deim beschta Freind in Pflege geba. Du brauchsch dr koi Sorga macha mit so ma Hundle.

I weiß net recht.

Soll i mir jetzt a Hundle oschaffa oder heirata?

Samschtagsnebel

Ab und zua kann mr bei uns im Ländle - und des vor allem samschtags, die ganz besonders hartgesottene Exemplare dr schwäbischen Gattung lokalisiera. Anhand von auffallend schtark qualmende Schornschtoi und Ofaröhrla kann mr genau erkenna, wo unsere eigfleischte Allesverwerter und Feuerungsschpezialischta hocket. Seit Generationa hat sich die Usitte breitgmacht, alles zu verbrenna, was überhaupt Feuer fängt, ohne sich drbei Gedanka über eventuelle Auswirkunga von solcherlei Tun zu macha. Egal, ob alte Putzlumpa, Plaschtichgugga, kunschtschtoffbeschichtete Holzbrettla, löchrige Hausschlappa oder Schtyroporbreggala. Alles was brennt, wird durch's Ofatürle gschoba. Dr ganze gsammelte Abfall wird hier zu Lande von einer geheima Mehrheit zur Energiegewinnung herangezoga.

Die Heizteufela intressiert's net im Geringschta, dass des Verbrenna von solchem Glump gar net erlaubt isch. Die lebet nämlich in dr irriga Meinung, dass solches Handla Privatsache sei und koiner ebbes ogeha däd. Schpäteschtens beim Verlassa des Schornschtois oder Kamis sind die flüchtigen Überreschte aber Allgemeingut. Die sind dann weder privat noch flüchtig! Dieser schwere, kringelnde, beißende Qualm aus uneinsichtiger Reschteverwertung hockt sich in die letschte Winkel nei und durchdringt selbscht gschlossene Fenschter.

MÜLLVERBRENNUNG
SCHWÄB RECYCLING
Abfall Vermeidung

Diese meischt samschtägliche Heizerei isch aber gut durchdacht und zumeischt sogar bauseits geplant. Moderne Heizunganlagen, ob in Öl- oder Gasausführung, könnet mit diesem Dreck gar nix ofanga. Deshalb lasset bsonders schlaue Schwoba erschtens die zusätzliche Koschta außer Acht und zweitens an doppelta Kamizug eibaua, um ein Kanonaöfele oder ebbes Ähnliches oschließa zu könna. Selbschtvoschtändlich für Notlaga gedacht, falls oim dr Öl- oder Gashahna oimol zuadreht werda sott. S'tägliche Leba schafft aber und vor allem wochaendlich schtändig neue Notlaga. Dr Abfall beugt sich zu Türmen, die es vor dem Eischturz zu bewahra gilt. Ja und wenn dr Müll platzschparend und obadrei noch energieerzeugend verwertet werda kann, no ignoriert mr doch gern alle Gesichtspunkte des Umweltschutzes.

Mit pünktlicher Regelmäßigkeit, so zwischa halber Zehne und Elfe, ziaget oim diese vertrauten Gerüche in'd Nosa. Dr dicke Qualm trägt sogar unbewusst zur mitmenschlicha Kommunikation bei. Aus dem Nebel heraus entschtehat Geschpräche zwischa Eheleut wie z.B. : „Gugg amol, dr Nachbr voheizt wieder sei Schwiegermuadr." - „Jetzt kann i scho wieder koi Wäsch aufhänga!" - „I möcht bloß wissa, was der immer alles schürt." Falls der angeschprochene Mo net glei drauf reagiert, um der Räucherei ein Ende zu setza, no wird er nachdrücklich zum Handla aufgfordert: „Auf dr Schtell gehsch zu em nüber und läsch dr Rauch nei. So a Sauerei, des hält mr jo net aus! Do kann mr jo koin Schritt vor d'Türa setza!"

Man wird als weitsichtig denkender Schwabe aber diesem Druck der ehelichen Basis niemals nachgeben. Man wird sich in keinschter Weise bei dr Nachbrschaft über solcherlei dicke Luft beschwera oder deswega gar dicke Luft macha.

Im Grund kann mr sich auch gar net beschwera, schließlich hat zu oim selber au no nie ebbern ebbes gsagt!

Unschwäbische Woche

Dr Montag isch ein trüber Tag,
dr Dienschtag net viel heller,
am Mittwoch lässt mr langsam nach,
am Donnerschtag no schneller,
dr Freitag lässt mr Freitag sei,
dr Samschtag schlupft in Sonntag nei -

des isch a Leba - heidanei.

Kleines 1x1
der schwäbischen Finanzen
(in umgangssprachlichen Weisheiten)

... a Schöne frisst au net mehr wie a Wüaschte!

⇒ die harte Realität des Lebens wird klar und ohne Umschweife erkannt

...von de Reiche kann mr's Schpara lerna, von de Arme s'Schenka!

⇒ mit dieser Erkenntnis kann sich jeder selbst einordnen

...so lang de jung bisch, muasch dr an Schtecka schnitza, no hasch, wenn de alt bisch, ebbes zum draufloina!

⇒ urtümliche Form der „Riester-Rente"

...s'gibt Leit, die dädat sich für fünf Pfennich a Hebeise im A...loch abbrecha!

⇒ geringschätzige Aussage über Extremsparer, die nur des Geizes wegen sogar körperliche Schmerzen auf sich nehmen würden

...alles, was unter oim ‚Euro' isch, darf koschta, was will!

⇒ hier bringen die Schwaben deutlich ihren ungebremsten Drang zum Sparen zum Ausdruck, ohne eine gewisse Freizügigkeit im Geldausgeben zu verleugnen

Und do hot dr Verkäufer gmoint "Zahlet se doch oifach mit ihrem guata Noma!
KREDIT KÄRTLE
COCO
BREUNING
HASAFUADER

...do drfür kann'sch koi Geis bocka lassa.

⇒ hier wird der Wert einer Sache mit einer landwirtschaftlichen Handlung umschrieben, welche in Wertschätzung und Stellung dieser weit überlegen ist

...wer scho mit Hoor auf d'Welt kommt, kann guat Bär sei.

⇒ man kann es im Leben selbst zu „ebbes" bringen, aber es geht auch anders

...was oim d'Frau im Handtäschle nausschleift, kann dr Mo net mit am Karra eifahra.

⇒ im Schwabenland geht es so zu wie überall auf der Welt: Der Strom des Geldes unterliegt festen Regeln

...wenn dr's A...loch zuaschnappt, no hasch an fuffzich Cent (Pfennich) lang.

⇒ diese Aussage trifft heutzutage kaum noch zu, da das Sterben als solches weit mehr kostet, als nur das Leben

...Geld isch net alles. Hauptsach, mr kann jeden Tag aufschteha und schaffa!

⇒ Schlussfolgerung des bisher Gelernten

Vorratshaltung

Essa isch ebbes Schönes, do gibt's koin Zweifel. Essa und Trinka hält Leib und Seele zamma - sott mr glauba. Aber des, des isch wie bei de meischte Volksweisheita leider nur die halbe Wahrheit, also net richtich - schprich gloga.

Mit Essa und Trinka hält mr nämlich nix zamma, sondern mr geht vononder! Mr kann sogar ausanonder geha, wenn mr die Scheidungsschtatischtika und deren Hintergründe genauer betrachta däd. Bloß glaubet eba au heut no die meischte von uns dena alte Schprüch und gehet diesem Irrglauba auf dr Leim und in Folge buchschtäblich aus am Leim.

S'isch aber au gemein. S'heutige Ogebot an Ess- und Trinkbarem isch ja so riesagroß. Die Kraft der Verführung drzua noch viel größer, so dass die Auswirkunga dieses Zuschtands mit am bloßa Aug sichtbar werdet.

Rein wissaschaftlich gseha, gibt dr gemeine Bürger so ugfähr 19% von seim Eikomma für's Essa und Trinka aus, was im Vogleich zu früher verschwindend wenig isch. Doch bleibt halt des wenige net verschwunda, sondern tritt als Wohlschtandsschpeck deutlich in Erscheinung. Von gewisse hormonelle Schtörunga und schtoffwechselnde Probleme abgseha, isch dr Durchschnittsmensch z'dick. Und alles, was über'm Durchschnitt wiegt, isch viel z'dick. Doch „dick" isch ein neudeutsches

Unwort, des mr eigentlich net saga darf. Ein Schpeckbauch heißt heut „vollschlank" und ein überproporzioniertes Hinterteil isch „mollig".

Zuageba, es isch au schwierig, bei so viele guate Sächla, die oim natürlich alle schmecket, Asket zu bleiba. Wenn oim die süßen Düfte wohlriechender Schpeisa in'd Nosa ziaga, no schmeißt selbscht dr abgebrühteschte Hungerkünschtler sei guate Vorsätz über's reich gedeckte Büffet. Falls oim die Einsicht über solches Fehlvohalta irgendwann erreicht, isch's leider scho viel z'schpät und dr Bauch scho gfüllt.

Mit angschtvollem Blick suacht mr vozweifelt nach Rettung für seine Rettungsring. Ohne irgendwelche künschtlerische Ambiziona übt mr sich dann leidvoll in dr Kunscht des Erschlankens (däd mr an dieser Schtelle die große Bandbreite dieser Künschte, umgangsschprachlich „Diäta", aufzähla, no wär des Büachle bis hintanum voll). Rein schtatischtisch betrachtet sind Diäta vom volkswirtschaftlicha Schtandpunkt her eine wichtige Schtütze des Bruttosozialprodukts. Der gewichtige Mensch schtürzt sich auf mehrfache Weise in den Konsum und fördert mit seinem Auf und Ab das Wohl des Schtaates. Mit teure Mittela, Diätpilla, Ballaschtschtoffriegeln, Appetitzüglern, Fettwegkäpsala und Schlankheitswundertröpfla suacht der Sünder seine Sünda wieder loszuwerda. Zur Unterschtützung holt er sich mentalaufbauende Literatur, rennt in Selbschthilfegruppa oder zum Psychotherapeuta, lässt sich Kura voordna oder suacht in Klimavoänderung sei Glück. Dr Mensch wird dabei net müad, in immer neue Diätrunda seine bisherige Misserfolge zu vogessa.

Dr Körper aber, der isch bei der Gschichte gar net so blöd. Der merkt sich vor jedem Erschlankungsversuch sei Kampfgewicht und holt sich's ruckzuck wieder z'rück. Vor lauter Freid über dr Sieg legt er sogar no a paar Pfund drauf, um für die nächschte Runde im Diätring besser grüschtet zu sei. Bei der ganza Kämpferei kommt mr zwar uheimlich ins Schwitza, voliert aber immer nur dr Kampf und koi Gwicht.

Der ganze Diätblödsinn hat im Grund koin Wert. Dr Mensch isch von Natur aus auf Vorratshaltung programmiert und lässt sich net von seiner Beschtimmung abbringa. Und damit dr Körper Energie schpart, lieget unsere Vorratskammern net weit weg, sondern direkt um uns rum. So kann mr in harte Zeita ohne Umweg direkt zuagreifa.

Genau, harte Zeita! Dr Mensch isch für harte Zeita gmacht. Gott sei Dank hent viele von uns, wie i au, diese harte Zeita net kennaglernt. Aber wenn mr sich die Sache so betrachtet, kann's doch gar net so schlecht sei, wenn mr a paar Kilo z'viel auf de Rippa oder sonschtwo hat.

S'kann dr nämlich koiner so genau saga, was no alles kommt...

Autorenelend -
(oder Motivation durch die Ehefrau)

A wa!
Des isch nix!
Murks!
Des gfällt mr net!
Auf gar koin Fall!
Des kannsch net bringa!
Des kann au bloß von dir komma!
Des liest koi Sau!
So net!
Du warsch au scho mol besser!
Schad um's Papier!
Noi!
Was soll'n des heißa?
Käs!
Des isch doch koi Deutsch!
Des kannsch in Kutteroimer schmeißa!

*

Do muasch no mol drüber...!
....
....

Sodele!
Warum net glei so?
....

Gell!? Wenn'd mi net hättsch!!

Ehrlich!

Dr Frieder isch nach langer Zeit
mol wieder in dr Schtadt,
weil er des oine und des ond‘re
für sich zu b’sorga hat.

Und wie er no so geht und schteht
schpürt er ein schtarkes Zwicka.
Erscht macht es Lärm aus dem Gedärm,
doch dann beginnt’s zu drücka!

Oh je, oh je, was isch jetzt los?
Jetz hab i d’Sauerei,
mir geht’s z’mol so im Ranza rum,
jetz kriag i d‘Scheißerei!

Dr Frieder klemmt - dr Frieder rennt
und beides isch net leicht.
Doch endlich, nach ra langa Weil,
hat er an Klo erreicht.

Jetz will er nei, weil’s ihm pressiert,
weil er die Sach am Ausgang schpürt -
da sitzt scho oiner drauf!
Dr Frieder schreit: „I muass ganz arg,
s’Bedürfnis isch saumäßich schtark -
i hab dr flotte Lauf!

I hab dr Pfipfes - schnell - auf - auf,
i kann’s nemme voheba.
Komm raus, komm raus, i halt’s net aus,
mir geht no was drneba!”

Von drinna kommt voll Schmerz gequält
die Antwort aus am Klo -
verschtopft, gepresst und voller Neid:
„Oh Kerle, sind se froh!!"

No net hudla...

„Herr Dokter, mir geht's grad überhaupt net guat, wie lang hab i wohl no zu leba?"

„Ha scho noch a Weile, do könnet sie ganz beruhigt sei."

„Ja und was kann mr dagega do?"

WC
Schtädtische
Bedürfnisanschtalt
Klopf
Klopf !!
ABORT
INSIDE

Der Tubbermann

Berater: So meine Damen, ich wäre dann soweit.

Lina: No glotza mr uns halt des Plaschtichglumb o!

Erna: Lina, jetz bleib halt höflich.

Lina: Erna, wenn du mi net überrumpelt hättsch, wär i nie zu deim Tubberobend komma!

Erna: Lina, du weisch doch, wenn koiner kommt, no kriag i mei Gaschtgschenkle net. So a schene Rührschüssel! Jetz bisch halt zfrieda, wenichschtens mir z'liab!

Berater: Also dann meine Damen. Ich darf Sie heute im Namen der Firma Tubber ganz herzlich begrüßen und Ihnen die neuesten Kreationen für die moderne Küche präsentieren.

Lina: Der schwätzt vielleicht gschwolla raus. Moderne Küche secht der zu deim alta Glump.

Erna: Lina, halt de zrück!

Berater: Mit Tubberprodukten eröffnen sich voll kommen neue Möglichkeiten. Zum Beischpiel hier, unsere „Rondo-Star" in türkis-metallic Optik mit auslaufsicherer Doppelklicklamelle! Das Frischhaltewunder mit eingebauter Vakuum-Technik.

Lina: Du Erna, sind mr jetz do im Raumschiff oder in deiner Küch?

Erna: Jetz lass doch den guata Mo sei Sach vrzähla!

Berater: Sehen Sie meine Damen, kein Problem mehr mit dem Aufbewahren von Essensresten. Serie Ronda erhält Vitamine und Aromastoffe über viele Tage. Spülmaschinenfest, tiefkühlgeeignet, schlag- und bruchsicher, formschön und vollendet.

Lina: Essensreschte kriaget meine Hüahner, die kommet bei mir net in'd Schpialmaschina!

Berater: Mit unseren transparenten „Variosafe"-Vorratsdosen können Sie bei Angeboten zugreifen und werterhaltend und platzsparend lagern. Bringen Sie Ordnung in Ihren Haushalt mit Variosafe!!

Lina: Du Erna, der hat grad gsa, dass du an Sauschtall hättsch!

Erna: Was hat der?

Berater: Aber meine Damen, ich meine doch damit: Mit den wohldurchdachten High-Tech-Produkten aus dem Hause Tubber ließen sich ungeahnte Möglich keiten erschließen!

Lina: I hab's aber genau ghört - er hat Sauschtall gsa!

Berater: Oh meine Damen, das haben Sie völlig missverstanden. Ich meinte doch nur, mit Variosafe ließe sich Ordnung schaffen!

Lina: Siehsch Erna, jetz hörsch's selber - Sauschtall!!

Erna: (baut sich drohend auf) Ha du kommsch mir grad gschlicha, du Plaschtichdackel, du!

Berater: Aber ich bitte Sie...

Lina: A bodalose Uverschämtheit isch des. Do lässt mr sich so an Fritze in's Haus komma...

Erna: ...und dann wird der ausfällich!

Lina: Erna, wo hasch du dei Wergelholz? Den beig i naus, der hat do hinna nix vrlora!

Erna: (schnappt den Besen) Bürschle, jetz isch's aus mit dir!

Erna und Lina jagen den Berater um den Tisch und hinaus.

Berater: (schreit) Um Himmelswillen, meine Damen...

Lina: (schreit hinterher) Lass di bloß nimme blicka, sonscht dreha mir dir dr Kraga rum!

Erna und Lina schauen sich zufrieden an, setzen sich an den Tisch und sortieren die Tubberschüsseln, welche der arme Vertreter in seiner Flucht zurückgelassen hat, auf zwei Häufchen.

Erna: Du Lina, könntsch du mir die Veschperbox geba, du kriagsch drfür dr Salatseier.

Lina: Koi Problem. Veschperboxa hab i scho 5 Schtück.

Erna: Acho so - Lina. S'isch au mol wieder a neue Afon-Beraterin in dr Schtadt. Solla mr dr Termin bei dir oder bei mir macha?

Sünde?

Bua: Du Mama, was isch denn eigentlich Sünde?

Mama: Ha du frogsch Sacha!
Also - also Sünde isch - wenn mr zum
Beischpiel auf's Käsbrot no Gsälz schmiert
oder
hälinga aus am Schnapsfläschle drinkt
oder
de Mädla unter dr Rock guggt
oder
mit Fleiß d'Schnecka dappt
oder...
oder
dr Oma s'Hörgerät voschteckelt
oder
sei Schweschterle vohaut...

Also, was i dir jetzt drmit saga will Bua:
Alles, was im Leba a bissle Schpaß macht,
isch im Grund a Sünd!
Aber do drfür bisch du no z'kloi, des
voschtehsch du no net und solang folgsch
mir!

Auf den Burgen

In Stein gesetzte Jahrhunderte
richten ihren Blick
von den schönsten Höhen
auf herrliches Land.

Wind fängt sich in kalten Mauern
und toten Zinnen.
In leblosen Steinen liegen
Schweiß, Leid und verlorene Träume.

Machtvoll errichtet,
in Ohnmacht zerstört,
blieb nur der verborgene Schmerz
vergänglicher Zeit.

Noch heute dringt der Glanz
zerborstener Größe
aus vergangenen Ruinen
bis in unser Auge.

Nicht hoch genug zu schätzen.

Schwabenland – du Reiches!

Wechselspiel

Der Wind bewegt das grüne Blätterdach,
gibt Sonnenfenstern lichten Raum.
Die Strahlen tanzen auf dem Grund,
umrahmt von weichem Schattensaum.

Getaucht in zartes Aquarell
schwimmt jeder Punkt,
den man noch eben sah -
zerfließend dunkel und doch hell
scheint alles fern und trotzdem nah.

Zufrieden, geborgen, ganz eins mit der Welt,
das Bewusstsein des Lebens sich zu dir gesellt.
Lass dich fallen, es trägt dich
und schwebt mit dir fort,
führt dich an sonst nie erreichbaren Ort.

Erst von dort kannst du sehen,
wie winzig und klein
du bist, wenn du denkst,
immer wichtig zu sein.

Das Große lässt sich nur erkennen,
wenn du dich traust auch loszulassen.
Du kannst die engen Fesseln trennen
und das Geheime greifbar fassen.

Es sind die seltenen Momente,
die dir für diese Dinge bleiben -
denn alles and're ringsherum
lässt dich in steter Unruh treiben.

Bewusst such ich den Baum bald wieder
zum Träumen auf - und leg mich nieder.

...i will koi Tierla essa!

Als Erziehungsberechtigter, also als Baba oder Mama, isch mr manchsmol scho arg plogt. Über viele Jahre versuacht mr, dass mr an seine Junge ebbes nobringt und freut sich wie a Zwetschgamännle, wenn a bissle was drvo hänga bleibt (an dem, was leider net hänga bleibt, hat mr natürlich selber koi Schuld, sondern schiabt des lieber auf's ondere Elternteil. Des isch erschtens viel oifacher und zweitens besser für's Ego).

So hent mir uns wacker bemüht, unsere Kinder beizubringa, dass mr alles essa kann. Auf jeden Fall probiera sott, was auf dr Tisch kommt. Mr weiß erscht, wenn mr ebbes probiert hat, ob oim au wirklich schlecht drvo wird. „Learning by doing" oder auf schwäbisch: „Bei jedem Quatsch dabei sei" hieß unser pädagogisches Motto! A Zeit lang hat's au funktioniert, bis zu dem Tag, wo unser Kloine gschnallt hat, dass des panierte Schnitzele in ihrem Teller vorher a lebendigs Säule gwesa sei muass.

Vom Tag o hat unser Tochter koi Fleisch meh essa wella und als Zeicha der Solidarität au no ihre große Schweschter ogschteckt. Mit Engelszunga hent mir auf die beide eigschwätzt und versuacht, den Genuss eines Schnitzels zu relativiera. Au dr Hinweis, dass des Schnitzel vom Metzger sei und net von dr Sau, ging ins Leere und unsere Mädla wäret schier zu Vegetarier worda.

I moin, im Grund wär's uns egal gwä. Mr kann au ohne Fleisch leba und unter de Vegetarier soll's au rechte Leut geba. Doch soweit isch's net komma, denn gar so konsequent waret die beide au wieder net. Schbagetti mit Hackfleischsoß oder Putagschnetzeltes sind ohne Gewissensbisse nundergschlabbert worda. Bei so kloine Fleischbreggala war der Rückschluss auf die Nahrungslieferanta au net so direkt nachvollziehbar wie bei ma Giggerlesschlegel. Ja und erscht die Saitawürschtla. Des waret oifach nur guate Saitawürschtla und natürlich koi Fleisch.

I muass irgendwann beim Essa von Linsa und Spätzle wohl a bissle z'arg grinst haba, denn auf oimol hat mei Kloine frogt: „Du Baba, wo kommet eigentlich d'Saitawürschtla her?" Mein Hinweis, dass die Würschtla vom Metzger kommet, hab i mir glei gschpart, denn mein neuer Eifall war uschlagbar und total überzeugend. „Kind", hab i gsagt, „deine Saitawürschtla kommet von frei laufende Bäum!" Unser Tochter war mit der Antwort irgendwie net ganz so z'frieda, hat sich aber die Würschtla vor lauter Glischta erschtmol schmecka lassa. I moin, sie hätt ja wega mir ruhig a Weile dro glauba könna und alles, was irgendwie nach Wurscht ausgseha hätt au weiterhin essa dürfa. Doch sie war meine Wurschtlieferanta (oder mir) gegaüber eher a bissle kritisch eigschtellt. Sie hat sich von meim oifältiga Gschwätz net lang beeidrucka lassa. Der kindliche Lernprozess hat meine frei laufende Bäum schneller eigholt, wie mir's liab gwä isch. Mei Tochter hat doch allen Ernschtes glaubt, dass i sie hätt oschwindla wella. I - und schwindla? Au, au! Tagelang hat mi mei Kind mit koim Aug beim Essa gwürdigt. Des hätt i jetzt drvo, dass i sie so voäppelt hätt. Sie däd in ihrem ganza Leba koi Viech mehr essa, hat sie mi aus ihre enge Augaschlitz wissa lassa!

D'Woch drauf isch sie mit ma Kindergeburtstag in so a Mäc-Reschtaurant eiglada gwä. Voller Schtolz hat sie dahoim vozählt, sie häb oi Portion Tschicken Naggets und no drzua zwei Hamburger vodrückt! Im Schtilla hab i in mi neigschmunzelt und denkt: „Wenn mr als Elternteil au manchsmol moint, dass d'Kinder heutzutag schplinig und überdreht sind, so braucht mr sich doch do drüber koi große Gedanka z'macha. Meischtens dauert's net lang und sie sind wieder vollkomma normal.

*

Wie hat mein Baba immer zu mir gsagt:
„Bua, dr Hunger treibt Bratwürscht nunder!"

Recht hat er ghett!

dr Schtromschtoß

sehr frei nach J.W. von Goethe

Wer schafft noch so schpät bei Nacht und bei Wind
am heiliga Sonndich - des isch ja a Sünd?!
Dr Karle, der werkelt - d'Maschina im Arm,
er hebt se fei sicher - dr Bohrer isch warm.

„Oh Karle, isch dir denn net bang um dr Leib?
Die Schtromleitung macht sich ganz hälinga breit,
verschteckelt im Putz mit elektrischem Saft.
Oh Karle, gib Acht, die hat so viel Kraft."

„I pass scho auf, du brauchsch dr nix denka,
mein 17er-Bohrer, den dua i vosenka
in den schönschten Löchern auf Erda.
Mit meiner ‚Bosch', do macht's Schaffa Freid,
do wird für mi s'Baua zum Zeitvertreib,
ja so ko mei Häusle was werda."

Oh Karle, oh Karle, schier kriagsch oine gwischt.
Dr Schtarkschtrom singt leise verborgen:
„Sei ruhig, sei ruhig und bohre geschwind -
und mache dir sonscht keine Sorgen."

Dr Karle lässt's laufa, er bohrt gwiss net schlecht,
ko dr Eizug schier nimme vowarta.
Er führt seinen Bohrer zum nächtlicha Tanz
und bohrt sich durch Beto samt Schwarta.

„Oh Karle, oh Karle, ja ahnscht du es nicht?
Die Hochschpannung, törichter Tropf!"
„Elektra geb Ruah! I weiß was i dua,
mein Kabelplan hab i im Kopf!

I schaff halt so gern, i bin halt a Schwob,
au sonndichs bei Tag und bei Nacht.
Mir schtockt gar des Bluat, wenn i oimol nix dua,
i bin halt zum Schaffa gemacht!"

Dr Karle bohrt weiter, er kennt keinen Halt:
„Und bisch du nicht willich, so brauch ich Gewalt!"
Die Leitung wird blank, das Schicksal schlägt zu,
ein lauter Knall - dann himmlische Ruh.

Dr Karle, der Arme, der schnauft no mol gschwind,
hält gar noch im Arm das elektrische Kind.
Das Loch isch gebohrt mit Mühe und Not -
dr Karle isch bleich - dr Bohrer isch tot!

Uromantisch...

Er und sie sitzen auf einem Bänkle und schauen beide in den klaren Sternenhimmel.

Sie: „Gugg au do, die schöne leuchtende Schtern! Oiner bald heller wie dr onder!"

Er: *„..."*

Sie: „Der Himmel über uns - des isch scho einmalig, do isch mr doch selber so kloi!"

Er: *„..."*

Sie: „Wenn mr des so sieht, do kommt mr doch auf ganz ondere Gedanka - über'd Welt und überhaupt - und über's Leba und so..."

Er: *„..."*

Sie: „Moinsch, irgendwann, wenn mir beide mol nimme auf dr Welt sind, finda mir uns wieder irgendwo im Himmel auf oim von dene viele Schtern?"

Er: *(wendet sich vom Sternenhimmel ab und blickt vorwurfsvoll zu seiner Frau)*
„Du kannsch oim aber au die ganz Romantik vosaua!"

Scho do...

Es glänzt dr Wei so funkelnd rot
zu fortgeschrittner Schtunde.
Es glänzen auch die Äuglein schon
in feuchter Schtammtisch-Runde.

Mit schwerem Kopf und schwere Glieder
wär's guat, mr däd noch sitzableiba
und sich des morgens um halb Vier
mit noch ma Viertel d'Zeit votreiba.

„I will in's Bett" schreit zmol dr Wirt
und schmeißt die Brüader raus,
„bis halber Vier isch haufa gnuag,
i zähl bis Drei - und naus!"

Dr Karl schteht auf und hagelt glei
grad wie an Sack vor'd Türa no.
Der Kerl voträgt halt mol koin Wei,
des isch bei Gott an armer Mo.

Mr lupft und schleift dr Karle hoim
an Händ und Füaß mit Müh und Not.
Ja, wenn des oiner seha däd,
no moint der grad, dr Karl wär dod.

So ziaget sie den arma Kerle
mit Mordsgetöse durch dr Flecka.
Sie fanget noch zum Singa o
und schtriezet an so manche Hecka.

Bis vor sei Häusle wird dr Karl
von seine Freinde hoimwärts bracht.

VORSICHT
SAURER REGEN
!!!

Für Freinde isch des net zu viel,
au net um Viere in dr Nacht.

Jetzt schtimmt mr noch aus volle Kehla
‚am Brunna vor dem Tore‘ o.
Wie selig ischt doch unser Volk,
des saufa und noch singa ko.

Dr Karl hebt sich am Hoftorpfoschta
und kotzt gradaus in‘d Eifahrt nei.
Es isch ein Elend, net zum Saga,
dr Wurschtsalat mitsamt am Wei.

Sei Lina denkt in ihrem Bett:
„Was isch denn des heut für an Krach
um halber Fünf? Wie uverschämt!"
und wird drvo glei glockawach.

Sie reißt ihr Schlofschtubfenschter auf
und brüllt: „Ja schlag mi's Dunder!
Send ihr no sauber? So a Gschrei -
ja Himmelschtuagertheidanei,
i schick mein Alta nunder!

Der haut euch glei im Viereck rum
ihr wüaschte Saufkopfseckel.
Der ziagt euch eure Ohra lang
und batscht euch auf dr Meckel!"

Do lacht's von untarauf retour:
„Dein Karle, der isch hier,
den brauchsch uns fei net runterschicka -
mit leg'n grad vor'd Tür!"

„dädsch mr net"

Dädsch mr net dr Trottwar kehra,
dädsch mr net dr Müll nausleera,
dädsch mr nach de Blattläus seha,
dädsch mr aus dr Sonna geha,
dädsch mr gschwind mol Schnittlauch hola,
dädsch mr net mei Schühla sohla,
dädsch mr kurz dei Auto leiha,
dädsch mr schnell mei Spätzla seiha?

*

Dädsch mr net, ach dädsch mr net?

Hätt mr diese Wörtla net,
müsst mr alles selber macha,
hätt mr ganz gwiss nix meh z'lacha,
däd oim koiner ebbes do,
wär mr gschtroft und sowieso
däd's dr „dädsch mr net" net gäba,
wär's doch aus mi'm schöna Leba.

*

Dr „dädsch mr net" schteckt in oim drinna,
oh Elend, wenn mr den net hätt.
Dr „dädsch mr net" darf net entrinna!
Wem däd mr saga: „Dädsch mr net"?

Grußworte

Liebe Mitbürgerinna und Mitbürger,

anlässlich der heutigen Vertreterversammlung unserer hiesigen Volks- und Raiffeisabank, möchte ich als Ortsvorschteher deswega das Wort am Schopf greifa, um ein paar kurze Grußworte an Sie richta könna zu dürfa!

- Punkt 1

Meine lieben Vertreterinna und Vertreter. Die Gemeinde Unterhafabach kann heute voller Schtolz auf die erfolgreiche Entwicklung der letschten Jahre blicka. Die 1891 als Darlehnskassavoroi gegründete Bank isch nach dem Umbau der Schalterräume vor zwei Johr beinahe kaum nicht wiederzuerkenna.

- Punkt 2

Die Zukunft hat auch bei uns Eizug gehalta sowie dr neue Geldautomat im Auguscht-Lämmle-Weg. Nach dem Hai-Tek-Park in dr Erbsagass mit heute 14 Beschäftigte, isch dieses ein weiteres Beischpiel für die positive Entwicklung in unserer Gemeinde. Darüber hinaus isch im letschta September das Volleyballschpielfeld mit einem vier Meter fuffzich hoha Fangzau voseha worda und hat somit Landesnivo erreicht. Zudem war beim diesjähriga Wettbewerb „Jugend musiziert" auch eine Anmeldung aus unserer Mitte. Am Seyfferlesbeck sein Junga isch zwar im Vorentscheid glei nausgfloga, übt aber trotzdem dahoim noch fleißich weiter in dr Garasch.

- Punkt 3

Solches Ongaschmo erfüllt mich mit besonderer Freide, weil au des Weingut Zäpfer einen Ehrapreis für seine 2000er Riesling-Spätles trocka erhalta hat. Nur das Miteinander aller Bürger und Bürgerinna kann au in Zukunft zum Erfolg führa!

- Punkt 4

Der Gsangvoroi Harmonie 24 hat im nächschta Johr ein Jubiläumskonzert geplant und kümmert sich seit faschd hundert Johr um die geischtigen Bedürfnisse von Bürger und Vowaltung. Ebenso dr Herr Pfarrer wie au dr Freundeskreis unserer Schulbibliothek, aber die erscht sei 40 Johr!

- Punkt 5

Seit dem Eibau von Bodaschwella isch unsere Ortsdurchfahrt zur Beruhigung gezwunga. Die Verkehrsbelaschtung der ortsnahen Feldwege, insbesondere im Gewann Moschtgraba, hat durch diese Maßnahme schtark zuagnomma.
Dr Ackerdreck fährt jetzt scho im ganza Dorf rum, deshalb hat dr Ortschaftsrat im nächschta Frühjohr die Oschaffung einer selbschtfahrenda Kehrmaschine vom Typ „Bürschtolin" mit 2 Gegaschtimma von de „Grüane" beschlossa.

- Punkt 6

Bei dr Grund- und Hauptschual schteht eine Sanierung mit Vollwärmeschutz an. Mir selber däd bei dr Farbgeschtaltung ein helles Grün net schlecht gfalla, eventuell au a weng dunkler!

- Punkt 7

Am nächschta Freitag wird dr Senioranachmittag wega Krankheit auf dr Samschtagmorga volegt Außerdem isch in nicht öffentlicher Sitzung beschlossa worda, des koschtalose Rentnerviertele abzuschaffa, weil letscht Johr drei Auto vom Fahrdienscht vollkotzt worda sind.

- Punkt 8

Bevor ich nun zu Punkt 9 komme, möchte ich noch auf die nächschte Bürgerschprechschtunde am kommenda Mittwoch von 9.00 - 9.20 Uhr hinweisa.

- Punkt 9

Ich darf als Ortsvorschteher unseres schöna Unterhafabach auf eine erfolgreiche Amtszeit zurückblicka und mich daher im Juni wieder zur Wahl schtella!

- Punkt 10

Den Vertreterinna und Vertretern sowie am Landfrauavoroi, wo heut die Bewirtung übernomma hat, wünsche ich ebafalls ein gutes Gelinga.

- Punkt 11

Herzlicha Dank und bleibet gsund!

Au mitnonder...

A klois, glänzich's Käferle
sitzt auf ma Rosablüatle
und schaukelt sich sachte im Wind.

Grüagold schillert sei Kleid
in dr warma Junisonn.

I bin ganz schtill und gugg a Weile zua -
beide sind so sche.
Dia Rosablüat mit ihrem samtiga Rot
und au des kloine Käferle.

Vor a paar Däg waret beide no net do
und heut machet se mir so a Freud.

Jetzt - auf oimol merk i, dass des Käferle
Löchla in dia Blüatablättla frisst.

Gschwind überleg i, ob i's net runterschüttla soll -
aber no lass i's droba sitza.

*

Sind beide sche - au mitnonder...

Koi bissle aggressiv...

Welcher Granataschlamper hat denn scho wieder d'Zeitung net an sein Platz?! Den Trialer sott mr grad...

vrbadscha
vrdächtla
vrdonnra
vrdrescha
vrpfitza
vrgnorgla
vrhaua
vrglopfa
vrmandscha
vrmöbla
vrnottla
vrpritscha
vrreißa
vrsäbla
vrschiaßa
vrschlaga
vrsohla
vrdöffla
vrwürga
und
vrzwiebla!

Was sagsch du? I hätt sie selber mit in's Gschäft gnomma und nimme hoimbracht?

Ha ... ... also ... ... i moin, mr wird ja no froga dürfa!

BALLADAFURZER
YOCKS
HALBDACKEL

Reiche Auswahl...

(Fortsetzung aus „Rotzböbbela und andere Kataschtrophen")

Die Quelle an deftigen Schimpfwörtern ist im schwäbischen schier unerschöpflich. Man braucht also keine Angst zu haben, dass irgendwann bei irgendjemandem ein „Gewöhnungseffekt" eintritt!

Ackerschnalla

Balladafurzer

Cabriofatzer

Dätschkappakarle

Ellabogadeifele

Fiedleshänger

Güllabomber

Huatsimpel

I-Dipfelesscheißer

Jammerlappa

Katzametzger

Lumpadogg

Mamasuggele

Neschtwargel

Oiterbebbel

Pfauzkrott

Quaddel

Rotzglockahenker

Schtiegabrunzer

Trüabling

Urschel

Voropfte Henna

Woogscheißer

Xocks

Höhere Gewalt

Seit viele ugezählte Johr,
all Viertelschtund an jedem Tag,
schlug fescht und schwer vom Kirchaturm
dr harte, laute Glockaschlag.

Des hat, so lang mr denka ko,
no niemals gar nia ebbern gschtört.
A jeder horcht sich's klaglos o,
wie sich's für brave Chrischta ghört.

Es isch nur so auf dieser Welt:
Was deinem lieben Nachbarn gfällt
muass dir no lang net selber gfalla,
wo sich dr oi in Demut wiegt,
do lupft's am ondern scho sei Galla.

Auf oimol regt sich Widerschtand
des Nacht's aus müden Neschtern:
„I will mei Ruah! I brauch mein Schlof!",
duat jetzt so mancher läschtern.

„Die Kirchturmglocka muass verschtumma,
a Ruah muass sei mit Schlaga.
Wer schaffa duad, will au sein Schlof
und kann des net ertraga!"

Dem Kirchturm war des grad egal,
der sieht des ganz gelassa
und hat wie üblich und gewohnt
an Schlag zum Loch nausglassa.

Die Sach trägt mr im Sauseschritt
zum Kirchagmeinderat:
„Mir machet bei euch nimme mit,
wenn's net bald Ruhe hat!"

Mr diskutierte längs und breit,
mit Höhen und mit Tiefen,
die Kirchturmglockaläuterei
des nachts - als alle schliefen.

Es trennte eine tiefe Kluft
die braven Kircharäte,
man wollte und man wollte nicht
verfügen, dass man's täte.

So ging mr hoim im bösen Zwischt
und dachte bei sich: „So ein Mischt,
was kann mr do bloß macha?
Sagsch „noi", isch mr ein alter Depp,
sagsch „ja", von Gott verlassa!"

In dieser schicksalhafta Nacht,
als alles lief von danna,
zog wie von uheimlicher Macht
a böses Gwitter zamma.

Grad wie von Petrus' Hand geführt,
da schlug Punkt Zwölf dr Blitz
mitta hinein in's Schtuhlgeläut
mit lautem Schlag und Hitz.

Geschpalta hing die Glocke nun,
geschmolza war dr Schlegel,

verklunga war dr laute Lärm
des Turmgeläutes Pegel.

Am nächschta Morga lag, oh weh,
des ganze Dorf im Schlummer.
Die Glockaschtube ohne Gläut,
die bracht‘ gar bösen Kummer.

Koi Weckla gab’s zum Frühschtückstisch,
koi Zeitung gab’s zum Lesa,
selbscht d’Schual fiel aus an sellem Tag,
so arg ischt es gewesa.

Dr Grund für’s Übel war erkannt:
„Mir braucha unsre Glocka!
Es läuft nix mehr in unserm Ort
und d’Kinder bleiba hocka!”

So wurde ohne Widerschpruch
a neue Glock‘ beschlossa,
noch größer als die Alte war,
aus heißem Erz gegossa.

Zur Weihe dann, mit einem Fescht,
da ließ man sie erzittern.
Den Bürgern drangs durch Mark und Bein
als dädat Balka schplittern.

So schlug das Schicksal heftig zu
und alle Viertelschtund
drang selbscht in’s schallgedämpfte Ohr
Entsetza durch die Rund.

Doch koiner hat mehr aufgemuckt,
sich traut no ebbes z'saga.
Mr war vom Glockaschicksalsschlag
grad regelrecht erschlaga.

So schtürzte zwar des neue Gläut
die Bürger tief in Not -
doch die Gemeinde sang dazu:
„Nun danket alle Gott!"

dr Breschtling -
oder die hohe Kunst der Verführung

Im Prinzip weiß mr ja viele Sacha aus oigener Erfahrung und braucht sich von koim a „X" für a „U" vormacha lassa. Im Prinzip! Doch dr Mensch macht eba gern immer wieder die gleiche Fehler, weil er wahrscheinlich eher vom Inschtinkt, als vom Voschtand gleitet wird.

Es weiß doch eigentlich jeder, dass mr die erschte, von irgendwoher importierte Erdbeera net essa kann. Die werdet grasgrüa zopft, behandelt und manipuliert, bis sie a paar Däg schpäter als notreife „Leckerbissa" im Regal schtehet. Wunderbar große Früchtla, herrlich rot, voller Brüah - und ohne Gschmack.

All diese Informationa sind selbschtvoschtändlich auf unserer Feschtplatta (also in unserm Meckel) gschpeichert. Bloß, sobald au nur oi Aug dieser optischen Voführung vofällt, isch dr Arbeitsschpeicher (unsere graue Zella) blockiert und's Denka unterbunda. D'Hand fährt ugschtreift gradaus und holt sich a paar so Erdbeerschächtela, ohne dass oi Sinnesorgan s'Preistäfele regischtriera däd. Im volla Bläckaut gibt's dr schönschte Impulskauf!

Unter Hochgefühl schwebt mr mitsamt seim Eikaufswägele durch dr Lada und schwelgt geischtig und fascht no körperlich im Erdbeergenuss. Jetzt noch a Becherle Sahne und dr Dag wird zum Feierdag.

Voller freidiger Erwartung werdet die Impulsauslöser hoimbracht, gwascha und entbutzt. Also mr versuacht wenigschtens dr Butza rauszuziaga, was bei notreife Erdbeer gar net so oifach isch. Unter Kraftaufwand und Saftverluscht entschtöpselt mr die Früchtla und duad sie, weil sie au so riesagroß sind, in Schtückla schneida. Endlich hat mr die außa rote und inna weiße Breggela in sein'ra Schüssel. Jetzt noch Sahne drauf und die Schlemmerei kann losgeha. Dr Heißhunger treibt die erschte Löffel au ohne weiteres ugschtreift nunder. Doch dann, dann merkt selbscht dr abgeschtumpfteschte Gauma, dass irgendebbes net so isch, wie's sei sott.

Falls die Erdbeer irgendwann noch a bissle Gschmack ghett haba sottet, so isch der auf'm Weg zwischa Urschprungsland und Glasschüssel verlora ganga. Schad, arg schad, wo die Köschtlichkeit doch gar net billich war. Mr kann jo a bissle Zucker draufschtreua, no geht's vielleicht - oder an Eierlikör drüberleera - oder sich zwinga! Nausschmeißa kann mr die Dinger ja net. Kauft isch kauft.

S'Hochgefühl legt sich wieder und schlägt auf's Gmüat. Enttäuschung mit Sahnehäuble - rotlackierter Bschiss. I moin, s'hat oin ja koiner zwunga, die erschte Breschtling zu kaufa. Mit bruddla kommt mr also net weiter. Zudem weiß mr's ja, dass mr warta sott, bis die hiesige Früchtla so weit sind. Hocharomatisch, zuckersüß, vollsaftig, erntefrisch!

Und trotzdem kauft mr jedesmol solche Mogelpackunga und ärgert sich hinterher. Aber ois isch sicher: Für dies Johr isch mr gheilt. Im März komma oim koi so Erdbeerattrappa mehr auf dr Tisch.

S'gibt ja au scho die erschte boggelharte Aprikosa oder Pfirsching...

No nix vokomma lassa!

Feststellung der kleinen Tochter, die den Vater beim Vertilgen von Essensresten beobachtet:

„Gell Baba, wenn mr di net hättet, no müassta mr uns glatt a Sau halta...!"

Vertreter-Elend

Darf ich Ihnen unser neuestes Produkt anbieten?
- Braucha mr net!

Jetzt schauen Sie doch erst einmal...
- Wella mr net!

Also das sollte wirklich in keiner Wohnung fehlen.
- Mega mr net!

Unsere Firma bietet Ihnen sogar Ratenkauf.
- Underschreiba mr net!

Für Sie ausnahmsweise noch mit Rabatt.
- Zahla mr net.

Nun, vielleicht kann ich Sie mit einem kostenlosen Muster überzeugen? Ganz unverbindlich und ohne...

- Nehma mr's halt!

Saitenwurscht goes Internet...

Es soll scheint's net bloß bei de Esel so sei, die auf's Eis gehet, wenn's ihne z'wohl wird. Au dr Mensch muass genetisch no a bissle was vom Grautier intus haba, denn der macht's meischtens genauso.

„Mir sottet ubedingt au in's Internet. A jeder isch do heut scho drinna, bloß mir net!", hab i zu meiner Frau gsagt. „So schwer kann doch des au gar net sei", hat die glei drauf gmoint, „was Ondere könnet, des könna mir au!"

So weit, so guat! Doch von alloi duat sich aber nix und erscht recht net, wenn mr von dr ganza Sache koi Ohnung hat. Jetzt, wie soll mr's oschtella, dass des Vorhaba gelingt und am beschta net viel koscht? Genau! S'Vitamin B eisetza und im Freundeskreis rumhorcha, wer denn wohl in punkto Internet ebbes auf und im Kaschta hat. Mir hent au gar net lang suacha braucha und in ma Mitglied von unserm Chor oin gfunda, der net nur in dr gleicha Schtimm gsunga hat, sondern au auf dr gleicha Wellalänge wie i glega isch. Dummerweis hat der sich die Tragweite unseres Attentat's net lang gnuag überlegt und glei zuagsagt, dass er uns gern a bissle helfa däd. A bissle helfa... Nun, es isch ja so: Dr PC, der berechnet oim die Sorga, wo mr ohne net hätt, leichter, als wie von Hand...

So isch aus einem oifacha, kloina: „Koi Problem, des bringa mr no", ein Dauereinsatz über mehrere

Wocha worda. Drzua noch unter erschwerte Bedingunga, weil der guate Mo ja zwischanei au no seim Gschäft und net nur unsere Saitenwürscht hat nochgeha müassa.

Wer von euch scho mol ebbes do hat, wo er no nie do hat, ko sich beschtimmt ganz guat in die Problematik neidenka. Mr weiß net recht, wie so ebbes ausseha soll, erscht recht net, wie's am End werda könnt. Mr hat jede Schtund a neue Idee und schmeißt alles, was mr bisher gmacht hat, über dr Haufa. Es isch ja au net ganz so oifach, wie mr selber hinterher im Netz schteha soll. Unser Freind hat sich immer wieder zu uns bemüht, isch am Telefo auf unsere neue Wünsche eiganga und hat in Heimarbeit für uns gschafft und gwerkelt. Uns war's scho beinah läschtig, dass mr dem arma Kerle jeden Tag zur Lascht gfalla sind. I moin, er hätt ja saga könna, dass es ihm so langsam schtinka däd. Des hat er aber glücklicherweis net do, denn schließlich kriagt er ja au beim Singa im Chor von mir jedesmol a Pulmoll obota. Sei tiefes Aufschnaufa, des er jedesmol, wenn mir ogruafa hent, durch dr Hörer pfiffa hat, des isch von uns oifach als an leichta Aschthmaofall vodrängt worda. Ganz ehrlich, mir hättet beide nie denkt, dass so a eigene „Houmpeitsch" so oschtrengend werda kann.

Entweder aus innerem Otrieb heraus oder wega'm schlechta Gwissa, hat sich mei Frau so a „Houmpeitsch"-Fachbüachle bsorgt und feschte glesa und glernt, wie mr so ebbes selber macha kann.

CD

Vielleicht war au die Bemerkung von unserm Freind seiner Frau ausschlaggebend, die gmoint hat, ihrn Mo däd wega unsere Würscht seit Wocha bloß no vor am Compjuter hocka. I glaub, innerlich hat unser edler Helfer den Tag sehnlichscht herbeigwunscha, an dem mir mit oigene Füaß auf unsera Seita schtehet.

Wo dann aber unsere www.saitenwurscht.de - also unsere „Houmpeitsch" im Internet gschtanda isch, do waret mir alle doch echt a bissle schtolz. Au, wenn dr oi oder onder moint, dass so ebbes heut nix Bsonders, sondern eher was ganz Normales sei. Für uns war's auf jeden Fall net normal und so sind mir au a Weile mit internetgschwollener Bruscht rumglaufa.

Jetzt wird höchschtens noch oi- bis zweimol in dr Woch telefoniert und freundschaftliche Hilfe ogfordert. Ansonschta bringa mr's scho ganz guat selber no (an dieser Schtelle muass i aber au mol ganz ehrlich sei: Des mit dr Compjutergschichta und mit am Internet, des bringt eigentlich mei Frau no. I selber dua mi do a bissle schwerer. Aber i schmück mi au ganz gern mit fremde Federn. S'bleibt ja in dr Familie).

Über die ganze Houmpeitschbaschtlerei sind mir mit unserm Freind und seiner Frau no viel enger vobunda worda wie vorher, was eigentlich nach dieser langa und mit uns sicherlich net oifacha Prozedur a kloi bissle erschtaunt. Aber mir Schwoba sind eba zäh und durch so eine Problemschtellung wie an oigena Internetauftritt werdet mir nur noch zäher. Weil, wenn mir ebbes wella, do kenna mir nix: Koi Hemmunga, koi Pardong, koi schlecht's Gwissa und koi Mitleid!

Aber ois könna mir, do sind mir uns net z'schad drzua. Mir könna au aufrichtig „Dankschö" saga und moinet's dann au so - gell Jochen!

Wissa isch Macht

Oh, wenn i des gwisst hätt!
Oh, i hätt meine Finger drvo glassa!
I hab's aber net wissa könna,
koiner hätt des wissa könna!

Aber i hab mir's scho halber denkt,
dass des nix Recht's sei kann.
Jetz hab i mei Däbel neiklemmt!

Oh, i hab's gwisst!!

Lebenslauf

Auf'd Welt komma -
blärrt -
am Busa glega -
blärrt -
d'Windel vollgsch...
blärrt -
alloi auf's Häfele könna -
schtolz gwä,
zwischanei g'wachsa, g'lacht und blärrt.

In's Kinderschüale ganga -
g'schpielt -
g'schtritta - blärrt -
g'lacht -
g'wachsa.

In'd Schual komma -
g'lernt -
g'schpielt -
g'schtritta, blärrt und g'wachsa.

Weiter auf'd Schual ganga -
no mehr glernt -
no weiter gwachsa -
Zeugnis kriagt -
blärrt oder au schtolz gwä.

In'd Pubertät komma -
s'erschte Mol voliebt gwä -
sich gschtritta und wieder votraga -
g'lacht und blärrt.

Tanza glernt oder au net -
an Beruf g'lernt oder au net -
schtudiert oder au net -
ebbes könna oder au net -
ebbes worda oder au net -
schtolz gwä oder au net -
g'lebt - g'liebt - g'lacht - g'schafft -
g'schtritta - blärrt - vosöhnt -
g'lebt - g'liebt - g'lacht - g'schafft.

G'heiratet oder au net -
Kinder kriagt oder au net -
Häusle baut oder au net -
immer no ebbes drzuaglernt oder au net -
g'schafft - g'lebt - g'schafft - g'liebt -
g'schafft - g'lacht - g'schafft - g'schtritta -
g'schafft - blärrt.

Älter worda -
zu ebbes komma oder au net -
zu ebbes bracht oder au net -
g'scheit worda oder au net -
g'sund blieba oder au net -
z'frieda blieba oder au net -
Enkela kriagt oder au net -
zamma blieba oder au net -
g'lebt - g'lacht - g'liebt - g'schtritta,
vozieha...gschafft!

S'ganze Leba lang Schwob gwä -

Mensch blieba?

Sachlich richtig und genehmigt!

Des Menschen Wege sind gesäumt
von Formularen allezeit.
Hat man das eine grad bezäumt,
steht schon das nächste kampfbereit.

Ein jeder Schritt wird überwacht,
mal ist man offen und mal zierlich.
Das Formular gibt auf dich acht
im Staate, der so wissbegierlich.

Am Ende weiß der Bürokrat
von dir mehr, als dir selber lieb.
Dein Kopf weiß nicht mehr, wo er steht,
weil er im Dschungel stecken blieb.

So geht der Kampf oft über viele Jahre,
jedoch der Sieger steht von Anfang fest
und liegst du erst auf deiner kühlen Bahre,
gibt dir ein letztes Formular den Rest.

Zum Schluss kommt noch ein Stempel drauf,
besiegelt so den Lebenslauf.

*

Ja, unser Schicksal auf der Erde,
das lenkt teils Gott, teils die Behörde.

Risaigling?

Wenn i seh,
was alles an dr Schtroßa schteht,
pfennichguate Sacha,
net z'liadrich zum Aufheba,
viel z'schad zum Wegschmeißa,
däd i am liabschta
s'Oine oder Ondere
mit hoim nehma,
weil mi's g'heit,
weil i's vielleicht no braucha könnt
oder ebber onderscht,
weil mr manchsmol froh wär,
mr hätt's aufghoba und mitgnomma
mit hoim...

...dahoim
sott i erscht ausmischta,
dr Suttroi,
d'Bühne,
dr Keller,
d'Garasch,
dr Schuppa,
s'Gartahäusle,
dr alte Gruschd nausschtella,
Platz schaffa

für dr neue...

Tierische Weisheita

„Jetz geht's voll schnell", hat seller Schpatz gsa, wo'en d'Katz Bühnatreppa naufgschleift hat!

S'hat scho manche Henna schlau sei wella und sich doch in's eigene Nescht gschissa!

S'hat scho manch oiner lang gfischt und onnaweg bloß a Krott gfanga!

Fisch und Bsuach hent ois gemein, beide schtinket nach drei Täg!

Die Käferplage (Sketch)

(Eugen und Frieder sitzen im Wirtshaus vor ihrem Viertele)

Eugen: (trinkt heftig ab) Heit muass i mein Ärger nunderschwenka!

Frieder: Was hasch denn heit?

Eugen: Dr ganze Dag war i heit in meim Gärtle und hab Kartoffelkäfer von meine Ebira abglesa - an halba Oimer voll!

Frieder: Ha sag amol Eugen, des hat mr doch früher gmacht, wo mir noch in'd Schual ganga sind. Aber heit doch nimme! Heit schpritzt mr doch und hat sei Ruah!

Eugen: (bäfft) Heit schpritzt mr doch und hat sei Ruah! Von wega sei Ruah! Scho dreimol hab i gschpritzt, druffghalta - regelrecht eigseift und net oin Käfer isch voreckt!

Frieder: Ha, des kann i schier net glauba. I hab bloß oi oinzichs mol gschpritzt und scho sind se alle am Boda glega!

Eugen: Moinsch du vielleicht, i könnt net recht schpritza? I hab scho gschpritzt, do bisch du noch in de Windla glega!

Frieder: *Ha noi, Eugen! Vielleicht hasch du halt net s'Richtiche in deinera Schpritza drin!?*

Eugen: Wieso? I hab des „Käferfrei" von dr WLZ gnomma, des isch mir dort empfohla worda!

Frieder: *I glaub's jo net - „Käferfrei" - do lachet sich deine Käfer höchschtens dod! Do muasch du ebbes Recht's nehma, no hasch dei Ruah!*

Eugen: Ha, was schpritzsch no du?

Frieder: *I nemm scho seit Johr und Dag Syschtox, a bissle schärfer wie auf'm Kanischter schteht. Do langt oimol schpritza und alles isch hie!*

Eugen: Au d'Kartoffelkäfer?

Frieder: *Alles! Mit Syschtox voreckt alles! Oimol richtig eiseifa und du hasch dei Ruah!*

Eugen: Aber Frieder, wo hasch'n des Syschtox gholt?

Frieder: *Au drunta in dr WLZ.*

Eugen: (schreit) Was, in dr WLZ? Und mir hat mr so a Glump aufgschwätzt! Do geh i morga Früah sofort nunder und lass dr Rauch nei.

Oin so zum Bossa halta! Mit mir net! Net mit am Eugen!! (will aufstehen)

Frieder: *Eugen, jetz bleib doch hocka. Weisch, des isch scho richtich so. Die scharfe Mittel kriagt net jeder - bloß die Landwirt, Obschtbaura und Wengerter. Die müassed extra an Schei macha, damit se die Mittel überhaupt owenda dürfa!*

Eugen: I will au Syschtox! I hab au Wengert!

Frieder: *Also jetzt her aber uff! Du hasch doch bloß a paar Traubaschtöck am Haus, du bisch doch koin Wengerter!*

Eugen: Des isch mir egal. Mei Uziffer soll au vorecka!

Frieder: *Eugen, Privatleut dürfa nur noch lummeliche Mittela eisetza, alles ondere isch heit nemme erlaubt.*

Eugen: Aber du schpritzsch doch au mit Syschtox und net mit ma Glump! Du hasch doch au koin Wengert! Wieso kriagsch du des no!?

Frieder: *(überlegen) Eugen, i hab mi halt rechtzeitich eideckt. I hab alles drhoim: E 605, U 46, DDT, alles, was mr braucht, kanischterweis! Bei mir voreckt alles!!*

Eugen: (baff) Aber meine Käfer solla au vorecka!!

BIO SPRITZ
SYSCHTOX
Help

Frieder: *(stolz) I hab dr ganze Suttroi voll. I hab ausgsorgt, bei mir kann sich nix halta!*

Eugen: Im Suttroi?

Frieder: *Ja, s'ganze alte Kichabiffe und noch's halbe Eidünschtregal schteht voll mit abgfülltem Schpritzich! Do voreckt alles!*

Eugen: Ha Frieder, so viel Schpritzmittel brauchsch doch du für dei klois Gärtle im Leba nemme! Do könnscht mr doch a kloi bissle ebbes abgeba, no däd mei Uziffer au vorecka!

Frieder: *Noi, des kann i net macha!*

Eugen: Bloß a bissle Frieder, bloß für meine Kartoffelkäfer!

Frieder: *Noi, i kann dir wirklich nix drvo geba!*

Eugen: Net mol mir, deim beschta Freind?

Frieder: *Noi!! Beim beschta Willa net!*

Eugen: Warum denn net?

Frieder: *(hinter vorgehaltener Hand) Weisch Eugen, i will doch net mit am Gsetz in Konflikt komma!*

I bin doch net blöd...

Mr sott moina,
mr häb lang gnuag gfuggert,
gschachert,
gfeilscht
um's neue Compjuterle.

Dass mr's billiger kriagt,
runterghandelt bis auf's Letschde,
drei Brozent Skonto
und a Käbele drzua
und a Softwär umsonscht obadrei,
koschtalos, vorinschtalliert,
Sonderpreis,
frei Haus gliefert,
mit dr bessra Maus,
abgrundet auf'n glatta Betrag,
d'Luft rausglassa
bis am Vokäufer d'Träna komma sind,
Akzionsknaller,
Tiefpreisschnäpple,
Kampfpreis,
der Kunde isch König

und heut

däd i's beim Aldi no billiger kriaga!

...schpara?

... d'Hoor selber schneida...
... Reschtla aufwärma...
... s'Badwasser für dr Klo nehma...
... koi Urlaubsreis macha, von dr Letschta vozähla...
... jo koi krumm's Nägele wegschmeißa, gradklopfa!
... an sich selber schpara...
... an Ondere schpara...

... schpara - schpara...

... bloß oi Zimmer heiza...
... nemme ausgeha...
... dahoimbleiba...
... s'Telefo abbschtella...
... Zeitung abbschtella...
... Hahnawasser trinka...
... Kartoffel essa...
... nix Neu's meh kaufa...
... s'Alte auftraga...
... sich nix meh gönna...
... an allem schpara...
... warta könna, bis mr ebbes nemme braucht...
... sich gegaseitig nix meh schenka...

... schpara - schpara...

... so lang schpara, bis mr nemme weiß, warum...

... für'd Erba?
... für's Finanzamt?
... für'd Inflazio?
... für's Alter?

... schpara - schpara...

... weil mr's gwöhnt isch...
... von kloi auf...
... scho immer...

... schpara - schpara...

... weil mr net onderscht kann...

... schpara - schpara...

... an de kloine Sacha schpara...
... an de Große au...
... schpara bis zuletscht...

*

... wenn mr gschtorba isch, hat mr an fünf Pfennich lang...

... arg lang...

*

... aber wie lang?
... wie lang isch a Ewigkeit?
... arg lang!
... do langa fünf Pfennich net weit...

*

... also - schpara - schpara...

In der Ruhe liegt die Kraft

Was dümmer scheint - man weiß es nicht.
Ist's der Instinkt, ist's der Verstand?
Wo brennt das hellste Geisteslicht
in uns'rer harten Schädelwand?

Die Dummheit, die man klug versteckt,
wär unentdeckt geblieben,
hätt' man die Sprache nicht entdeckt
und Worte wohl vermieden.

Um wie viel klüger wär es doch,
nur seinen Mund zu halten -
nicht brüllen wie das liebe Vieh,
gebärden und gestalten.

Der Kopf, der Geist, das Wort, der Mund -
wer hat es in der Hand?
Wo liegt der reine Genius?
Wo zeigt sich der Verstand?

Die wahre Weisheit ruht im Willen,
hier hält die Muse Hof.
Der wahre Sieger siegt im Stillen,
hier lebt der Philosoph.

>>zom Fressa‘ gern<<

Es soll koiner behaupta, unter uns Schwoba gäb’s koine Gscheitla. S’gibt sogar a paar ganz Knitze dazwischa. Mir zeiga halt bloß net glei, was alles in uns schteckt, weil mir neba uns’rer Knitzheit halt au no oiga sind. Doch, s’isch halt bei uns grad so wie bei Ondere au: Ausnahma beschtätiga die Regel. S’gibt immer a paar so Oberschlaula, wo ihr Weisheit raushänga müasset.

Zum Beischpiel duat dr Schwob am liabschta do gern essa und trinka, wo’s nix koscht, weil er eba gern schpart. Er kann bei so ra Gelegaheit au gar net verleugna, wo er herkommt. Durch dieses ogeborene Vohalta hat sich leider mit dr Zeit die irrige Moinung über uns Schwoba verfeschtigt, dass umso mehr in uns neipassa däd, je weniger es koscht und mir dr Rescht, wenn mir nimme könntet, au no an uns noschütta dädat! Diese Verunglimpfung ghört zwar in die Kategorie der Fabeln und Märchen und hat mit der harten Realität des schwäbischen Alltags kaum was zum do, wird aber immer wieder gern benützt, um uns arme Schwoba zu schtrietza.

Natürlich nütza mir des aus und könnet auf ma Geburtstag, private Feschtla und bei ondere koschtalose Oläss scho oschtändig oiner neilaufa lassa. Nur eba meischtens mit dem bittera Noochgschmäckle, dass mr des irgendwann mol wieder wett macha muass. Also im Klartegschd: Selber irgendwann a Feschtle ausrichta sott und dann seine Gäscht au gratis verköschtiga muass!

Durch diesen gsellschaftlicha Zwang richtet sich in uns aber sofort tief verwurzelter Widerschtand gega's Geldausgeba auf. Mir sind eba mol liaber phäb, als dass mir unser sauer vodient's Geld mit volle Händ nausschmeißa könntet.
An dieser Schtelle hoff i natürlich, dass jetzt alle, au die Nichtschwoba, diesen Schpannungsboga der schwäbischen Gefühlswelt verschtehet. Der tiefsitzende Schparzwang, das heiße Verlanga nach koschtaloser Völlerei und dr Versuach, Geldanlaga und Sättigungsgrad sinnvoll zu verbinda. Was oim auf dr erschte Blick umöglich vorkomma könnt, isch hier im Ländle scho seit geraumer Zeit Wirklichkeit.

*

Dr pragmatisch denkende Schwob legt heutzutag einen Teil seines Vomögens in Aktia von hiesige Unternehma o. Wohlüberlegt hält er aber jeweils nur oi oinzichs Wertpapier von jeder AG, weil er sich natürlich net wie ein Masochischt am Auf und Ab der Kurse aufschtachla will. Noi, er hat gschnallt, dass mr scho mit oinera lummalicha Aktie ein Kloiaktionär isch und als solcher jedes Johr zu de Hauptvosammlunga von de entschprechende Unternehma eiglada wird. Ja und auf so ra „HV", do werdet alle Firmainhaber, also alle Aktionäre, nach sämtliche Regla der Kunscht verwöhnt. Do gibt's Kugelschreiber, Notizblöckla, Tascharechner, schöne Reda und Jutetäschla mit Firmaaufdruck. Aber's Bedeutenschte an so ra Vosammlung isch net dr erwirtschaftete Jahresüberschuss, sondern der koschtalose Gaumaschmaus, der für alle hungrige Aktionäre auftafelt wird.

Des muass mr sich jetzt mol auf dr Zunga zergeha lassa!

Mr hat beischpielsweis für 50 Euro oi Aktia von ma Unternehma kauft und kriagt jedes Johr neba dr Dividende noch a Büffet im Wert von vielleicht 25 Euro serviert. Mr kommt also selbscht im liadrichschta Börsajohr auf eine garantierte Naturalverzinsung von mindeschtens 50 Prozent! Bei solche Rendita gehet doch jedem Schparbuachfritzle d'Lichter aus! Ognomma, mr däd rein theoretisch von alle schwäbische AG's oi Aktia halta, no könnt mr sich, rein mathematisch, s'ganze Johr Woch für Woch uff irgendoim Wertpapiergelage dr Ranza vollschlaga! Legal - umsonscht - und schteuerfrei!

Und was oim do alles auftafelt wird. Do werdet schwäbische und internationale Büffets zaubert. Je schöner und ausgfallener, je dreckicher's am Unternehma geht. Do wird dem Untergang teilweise ein kulinarischer Rahma verpasst, dass au dr letschte Kritiker verschtummt.

- Poulardabrüschtla in feiner Cognacsoß an glacierte Gelbarübla und Schpinatschpätzla

- Seehechtfilet mit Dill-Gurkagmias und Butterreis

- gschmorte Lammkeula in Lembergerjus mit Rosmarinkartöffela

- Kuddla - Maultäschla - Schupfnudla - Fleischküachla - Linsa und Spätzla......

Oh, s'gibt so viele guate Sächla, dass oim schiergar d'Schpucke wegbleiba möcht. S'Beschte, was Küche und Keller überhaupt bieta könnet, wird oim hier serviert. Koi AG will sich lumpa lassa, jede schtrengt sich o. S'gibt sogar oi Unternehma, au no ois direkt aus Schtuagart, die ihre ganze Aktionär an Guatschei für an Reschtaurant-Besuch nach freier Wahl ausgebet! Des isch sozusaga dr Gipfel der Genüsse! Do wird die „Hausse" zur Sause.

Es soll bereits ganze Pilgerschtröme von Kloiaktionär geba, die die Hauptvosammlunga nur wegam Essa und Trinka überrennet. Die obadrei des Gelinga von sotte, an sich wichtige Vooschtaltunga, alloi nach Auswahl, Menge und Qualität der gebotenen Schpeisa bewerta. Do kriagt doch der Begriff „Aktien-Kultur" a ganz neue Bedeutung. Der büffetorientierte Kloioleger hebt sei Händle heut nach „Lachswert" und „Spätlese-Bilanz". Die Wertpapiere kriaget zeitgleich mit de Äugla einen vollkomma neua Glanz.

I moin, die AG's, die werdet scho wissa, was sie machet. Der Börsawert einer Aktie schteigt und fällt eba proportional zum Völlegefühl der Aktionäre. A AG, die ihre Leit hungrich hoimschicka dād, die dād um's numgugga freiweg durch's Parkett saua. Der voll- und zufriedagschtellte Aktionär bleibt seinem Unternehma eba solang treu, wie trotz aller Verluschte dr Gauma ausgiebig gschtreichelt wird. Dr Maga isch oim nämlich näher wie dr Verschtand!

Es gibt, i glaub scho zum 16. Mol, sogar einen so genannten „Veschperlesaktien-Kalender" (siehe Überschrift), den keine Geringere als die „Schwäbische-Bank" persönlich unter die Gourmet-Aktionär und Oberschlaula bringt. Diese Schpeisekarte unserer schwäbischeAktiage-sellschafta wird dort von de Azubi's von sellera Bank jedes Johr immer wieder neu serviert.

*

Wenn mr sich die ganze Gschichte richtig überlegt, kommt mr doch als Kloiaktionär gar net so schlecht weg. Selbscht dr Emir von Kuweit mit seine sieba Prozent vom Daimler-Chrysler-Vomöga hat net mehr im Teller, als dr Gottlob Nägele mit sein'ra oina Aktia. Do isch mit oim Bissa die Gerechtigkeit auf uns'rer Welt wiederhergschtellt.

I möcht drzua jetzt bloß no des oine saga:

Lasset's euch schmecka - und langet no, solangs hat!

dr Sonntagmorga

I komm grad vom Wecklahola! Sonntag morgens schickt mi mei Frau immer aus am Haus. Seit dr Bäcker au no zu so ra uchrischtlicha Zeit auf hat, muass i jeden Sonntag dort na. I geh aber gar net gern, i däd liaber dahoim bleiba und noch a Weile ins Bett neischtracka. Aber mei Frau schickt mi zum Wecklahola.

„Ha geh doch selber zum Bäcker!", hab i scho oft gsagt. Aber da hat mei Frau bloß drauf gmoint: „Du siehsch doch, dass i net g'richt bin, so kann mr doch net aus am Haus!" Ja, bloß weil mei Frau net g'richt isch, muass i jeden Sonntagmorga aus dr Falla. I mag eigentlich gar net jeden Sonntag Weckla essa, bloß weil dr Bäcker offa hat. Aber anscheinend isch des heut Pflicht, dass mr au an diesem Tag frische Weckla hat und so geh i halt los, verschlofa und bruddelich.

Mr kann die Ugerechtigkeit der Welt am beschta Sonntag morgens beim Bäcker oglotza, wenn mr all die ondere Männer sieht, die, noch halber im Schlofozug, dieses elende Kloigebäck hola müasset. In mir wächst jedesmol ein Zorn auf die Weckla, dass i gar koine mehr essa will. In meiner Jogginghosa vergeht mir jedesmol dr Glischda auf diese trockene Dinger.

Wenn i no glücklich mit meine Weckla hoimkomm und endlich an dr Kaffeetisch nohocka will, no fangt

Kikerikiiiiii
Bäcken
BÄCKEREI
Sonntag ab 7oo Uhr geöffnet
Sonnt geöffnet
Schnarch!
Schlurf
Schlurf!

mei Frau zum Goschla o: „Ha so hockt mr doch net an dr Tisch no, im Unterleible und net rasiert!” Do könnt mr doch glatt auf dr Sau naus! Am hella Morga kriag i do scho dr gröschte Zorn ins Gsicht. Mei Frau pflegt sich seit ra halba Schtund im Bad, isch frisch duschd und gschtriegelt und i hab mir in der Zeit d'Füaß in Bauch neidappt. Mit so ma ugwäschena Mo däd sie net an dr Frühschtückstisch hocka! Do bleibt oim nix onders übrich, als in's Bad z'geha und dr Kaffee kalt werda z'lassa. A echte Sauerei!

Jeden Sonntagmorga dr gleiche Mischt! Und schuld dro sind bloß die Weckla! Aber i mach des nimme länger mit! Dene blöde Weckla mach i jetzt an Schtrich durch d'Rechnung. I lass mir des nimme gfalla und hol oifach koine mehr. Des isch doch au koi Männersach. Der Mo, der freiwillig zum Wecklahola geht, der isch doch ein degenerierta Waschlappa. Wecklahola ghört zum Eikaufa und des isch Frauasach! Und sonntags erscht recht! Sodele!

Wenn die Fraua Sonntag morgens aus am Haus müasstet, däd's beschtimmt bald wieder Hefezopf gäba. Die dädad lieber selber wieder backa, wie frühmorgens zu nachtschlafender Zeit am halber Elfe aus am Haus zu geha! Auf jeden Fall hol i nächschten Sonntag koi Weckla mehr - wer ubedingt welche will, der soll se selber hola!

I kann au ohne leba!

Schwäbische Inkonsequenz

Hasch den gseha mit seim dicka Ranza?
Gugg net no, sonscht fällt's uff...

Dem Trialer ghört mol richtig d'Moinung gsa!
Net so laut, sonscht hört' er's...

Heit lass i mol oiner neilaufa!
Bringa sie mir a Schorle...

Wenn's drauf okommt, isch mir nix z'teuer!
I muass net alles haba...

Auf mi kann'sch di hundertprozentich volassa!
So genau darf mr's au net nehma...

Do könnt'sch doch grad nauslacha!
I werd mr's voheba könna...

Mr sott sich net alles gfalla lassa!
I moin, mir kann's ja egal sei...

*

Wenn no alle so wäret,
wie i sei sott...

Marmor, Stein und Eisen bricht...

Endlich fängt die Freiluftsaison wieder o. So ab Ende April isch wieder in punkto „Oupen-Är"-Vooschtaltunga ebbes bota. Die erschte Schtroßafeschtla und Hocketse schtehet auf'm Terminkalender und dr Weizabierausschtoß ziagt kräftig o. Mir freuet uns au wirklich jedes Johr, wenn die Glühweiperiode überschtanda isch und oim dr Duft von Freiluftgrillerei in'd Nosa ziagt.

Bald isch wieder soweit, no leget samschtagobends auf dene Feschtla die kernige „Rockbänds" mit ihrem Oldie-Programm los, dass oim d'Hoor wacklet. Zuageba, mei Frau und i, mir gehet eigentlich s'ganz Johr net zum Tanza, aber wenn dann so a bodaschtändige Vollbluatkapella aus gschtandene Familiaväter Gittara und Schlagzeug in d'Hand nimmt, no sind mir nimme z'halta. D'Knackwurscht in de Finger und s'verschüttete Weiza über dr Hosa, schtehet mir auf dr Biertischgarnitur und rocket oiner ab, dass schier d'Brettla krachet. Zwischa „Rocking all over the wörld" und „Sätischfägtschn" isch oim selbscht dr Sempf am Hemd egal. Mr fühlt sich so in sei Jugendzeit zrückversetzt und lässt Schrei naus, als ob mr net ganz sauber wär. Gigantische Schtimmung an dr Grenze zwischa Bandscheibavorfall und Schtimmbandschada.

I kann mi leider no ganz genau dro erinnra, wie des im letschta Sommer gwä isch. An ma wunderschöna warma Samschtagobend waret bei uns auf'm Feschtle die legendäre „Moonlights" ogsagt. Also volle Breitseite für die nostalgiesüchtige Fängemeinde! Mit oim Viertele, zwei Sektpröbla, ma halba Gigger und ma Luggeleskäsbrot intus, hab i mei dritt's Weizabier grad noch so durch die Menschamenge gschaukelt. Mit Müh und Not konnt i für mei Frau und mi zwei Plätz in dr Näh vom „Rockpalascht", also von dr Bretterbühne ergattern. Wo mr noguggt hat, waret Gleichgesinnte, lauter musikbegeischterte Oldie-Liebhaber am Rande der Midlaif-Krise.

Der vom Rhythmus oder vom Alkohol im Takt wiegende Fänblock isch mit Supertitel wie „We are the Tschämpions" oder „Balla-Balla" in oi brodelnde Masse vowandelt worda. Dr oi hat am ondera s'Gläsle umgschmissa und alle hent mr gemeinsam in oiner fibrierenda Pfütza aus Weißherbscht und Gerschtasaft gschtampft. S'war oifach herrlich!
I hab so laut mitgsunga, dass mei Frau scho voller Ängscht zu mir herguggt hat: „Pass bloß uff, dass dr dei Brücka net raussaut!" Superschtimmung! Der Bänd ihre Hochleischtungsbäss waret auf volle Pulle hochzwiebelt. Vor lauter Freid isch oim do schier dr Ranza drvo ghopft. Sämtliche große Rocktitel aus de 60er und 70er Johr hent uns die „Moonlights" durch d'Ohra pfiffa, dass jeder gmoint hat, er wär dr Freddy Mercury persönlich. In voller Ekstase hab i nemme an mei Rheuma denkt und mit Ärm und Füaß gschlenkert, grad wie vor 30 Johr.

Um uns rum isch immer wieder oiner von de Bänk gsegelt, aber Gott sei Dank weich in Knackwurscht-weckla und rot-weiße Pommfritz aufgschlaga. S'war wie jedes Johr a einmaliges Erlebnis!

Plötzlich, gega halber Zwölfe, hat's auf oimol an Riesa-Polterer do und's schönschte Gwitter hat sich ausgrechelt über'm Rockkessel entlada müassa. A Weile hent mir no bei „Naits in wait sätin" aus-ghalta, doch als dr Wolkabruch bis in'd Schuah vordrunga isch, sind mir dann mit quatschende Schlappa und durchzogene Unterhosa hoimgwatet.

Wo i in's Bad neiganga bin, hat mi beim Blick in dr Schpiegel schiergar dr Schlag troffa. Ein dicker Schlonzer Weißwurschtsempf isch mir von de Hoor in'd Ankel nundertrialt, mei weißes Hemd war mit ma riesa Rotweifleck vosaut und selbscht an dr Hosa war a Kätschapschpur, obwohl i gar koi Vier-kantschpätzla gessa ghett hab. Mei Frau hat sich s'Grinsa net voheba könna und gmoint, i wär an fürchterlicher Oblick. So bin i notgedrunga nachts am Ois unter d'Dusche und hab mir des „Rockkon-zert" runterbürschtet und nebaher für mindeschtens 5 Euro Schpeisa und Getränke von meinra Haut durch dr Sypho glassa. Vollkomma erschlaga bin i in's Bett und hab mit zwei Dutzend Presslufthäm-mer im Kopf kaum eischlofa könna.

Dr nächschte Morga war ernüchternd und gar net so schön. Fascht koi Wort hab i meh schwätza könna, so ausgleiert waret meine Schtimmbändla. Mei Kreuz hat mir auf Grund dr nächtlicha Überhitzung oder Unterkühlung oder wega dr übertriebena Gymnaschtik weh do. Am schlimmschta hat's aber mein arma Kopf vowischt ghett. Der hat pocht und dröhnt, als ob i immer no direkt vor dr Lautschprecherbox hocka däd. Mei rockende Ekstase hat sich in an elenda Katzajammer aufglöst. Zu allem Uglück hat au no mei bessere Hälfte gmoint: „Des isch doch jedesmol s'Gleiche mit dir! Drzua lerna duasch du nix!" Dabei kann mr an so ma fürchterlicha Sonntagmorga des weibliche Gebruddel ja überhaupt net votraga! Selbscht, wenn sie Recht ghett hätt! Außerdem war sie ja selber mit dabei!

Überhaupt wundert mi, dass es ihra do besser geha kann wie mir. I moin, sie hat zwar nach am zweita Sektpröble und am erschta Weißherbschtviertel mit Alkohol aufghört und bloß no Schpezi drunka, aber meine zwei Cola-Rum und des Fläschle Samtrot-Schpätles könnet doch net dro Schuld sei. Guat - vielleicht hab i die Thüringer Roschtbrotwurscht oder den Hausmacher Veschperteller net votraga, wo doch au die Porzio Kartoffelsalat mit Soß so guat gschmeckt hat. S'wird halt die ugwohnte Bewegung sei, die dr Körper in meim Alter oifach nimme voträgt! Was genau Schuld gwä isch, hat sich au gar net so genau feschtschtella lassa, als i mi in dr Dusche hab übergeba müssa...

Nach a paar Däg hat sich dr Maga und s'Kreuz wieder einigermaßa eigrenkt ghett, sogar s'Schädelweh hat bis am Donnerschtag ziemlich noochglassa. Grad rechtzeitig vor am nägschta Wochaend - do schpiela die „Moonlights" nämlich im übernägschta

Flecka! Mei Frau hat gmoint, ihra däd's nix ausmacha, wenn mr wieder nogeha dädet, bloß bei mir häb sie gewisse Bedenka.

Doch i reiß mi am Riama, schmeiß meine Wehwehla über dr Haufa und mir gehet wieder zu dr Musik!

*

S'hätt eba doch an Rocker aus mir werda solla....

Schwäbische Krankheitsbilder

Kopfweh

Schädelbrumma, an bleda Kopf,
Dachschparrazwicka

Schnupfen

Rotz, Rotzkolba, Rotzglockahenkede,
Schnotterich

Durchfall

Scheißerei, Ranzasurra, Lochschnättere,
Pfipfes, s'schnelle Fritzle, Schtrudelfurzet

Herzprobleme

Herzflattra, Herzkaschper, an Schtoi auf'm
Herza, Schtolperer

kleine Verletzung

Wehwehle, Aua, bös Aua, sich ebbes do

Allgemeines Unwohlsein

an Furz im Ranza haba, aus am letschta Loch pfeifa, sich erdaliadrich fühla, sich net so fühla wie ondere Weiber

großes Unwohlsein

a jesasmäßichs Elend, schier am Vorecka sei, sich fühla wie's Kätzle am Bauch, nemme könna, hie sei

unspezifische Krankheita

Nabelsurra, Hubbel, Durmel, Datterich, gschwollene Augadeckel, Kotzmichel, zäpfich, kotterich, a Macka, meh wie oi Macka

ganz und gar unspezifische Krankheita

aus dr Haut fahra, an Veitstanz vollführa, dr Kamm schtella, koi Gschäft seha könna, dr Riassel runterhänga, abschnalla, ebbern net riacha könna, an Aber haba, koin Glischta haba, d'Gosch und d'Finger vobrenna, net ganz sauber sei

Urlaubsreif

Urlaub?

- Wieder dort no, wo mr letscht Mol waret? Do isch sauber gwä, jeden Morga isch alles frisch butzt worda, au dr Klo und's Waschbecka...

- Nach England? Die wellet bloß unsre Euro...

- In'd Schweiz nei? I weiß net so recht, beim letschta Mol hent die mi gfilzt...

- Bei de Franzosa schwätzt koiner recht deutsch...

- In Öschtreich hat's amol koi rechte Portiona geba...

- Irgendwo sind au mol Kakerlaka rumgsaut und oimol hab i dr Durchfall kriagt. Mit dr Hygiäne hent se's all's net so...

Wenn jetzt des schpanische Hotel in Öschtreich schteha däd, ohne Schtau und zwei Wocha schö Wetter? - No wär immer no koi Meer in dr Näh!

Dohoim wär's am Billigschta und i müasst koi Katalog wälza. Jedesmol die Suacherei:

Urlaub isch ja so oschtrengend!

Salamaleikum

Wenn mr sich in ondere Länder begibt, no kann mr scho des oine oder ondere mit hoimbringa. Des müssa net bloß kitschige Suwenierla oder vollknipste Film sei. S'Beschte, was mr mitnehma kann, sind die Erinnerunga an all des, was mr gseha, erlebt, gessa und drunka hat. Und net zu vogessa die Eidrück, die ondere Leut bei oim hinterlasset.

Unsere große Tochter hat gmoint, sie sei scho z'alt, um no mit de Eltern in Urlaub z'fahra und so isch halt die Schrumpffamilie für a paar Täg auf'd Kanara gfloga. Der ogeblich ewige Frühling auf wüschtahafta Vulkaninsla hat uns voführt, au mol s'Feschtland zu volassa und ein weiter entferntes Ziel aufzusuacha. Der im Reiseproschpekt deutlich hervorghobene Schwimming-Puul war zudem für unsere jüngere Tochter eine ausschlaggebende Entscheidungshilfe.

Warum au net! Die Kanara lieget zwar neba Afrika, ghöret aber zu Schpania und sind somit mittadrin in dr EU. Do braucht mr als europäisch denkender Schwob heut koi schlecht's Gwissa haba, wenn mr dort sei Geld ausgibt und net im Ländle.

Mir hent au desmol richtig Glück ghabt. S'Hotel war so schö, wie im Proschpekt und ruhig obadrei. Super! - hab i denkt - jetz kann i mol so richtig schö rilägsa (relaxa) und nebaher a paar neue Gschichta schreiba! Doch do hat mir dr Mohammed an dicka Schtrich durch mei Notiz-Blöckle gmacht.

Der Mohammed, des war nämlich au ein Urlauber von sellem Hotel und ein Araber aus Tunesia drzua. Der muass scho tagelang nach ebbern zum Schwätza gsuacht haba und hatte in mir a williges Opfer gfunda. Bloß, weil i zu dem Kerle im Wörlpuul „Hallo" gsagt hab, waret mir von dem Moment o die beschte Freind. Gega des, was dem Araber für ein Wortschwall aus seim Göschle gschprudelt isch, waret die Massasche-Düsa vom Wörlpuul s'reinschte Nasawasser. Der hat mir in Rekordzeit auf Araber-Englisch sein gesamta Lebenslauf naufdrückt. I wollt natürlich net uhöflich sei und hab brav zuaghört, obwohl i nach oinahalb Schtund scho schier Schwimmhäut zwischa dr Zeha ghett hab. Mit einer uglaublicha Ausdauer hab i mir seine Familia- und Vowandtschaftsvohältnisse ohöra müassa und bin obadrei no in sei persönliche Weltoschauung eigweiht worda.

Wenn's einen Wettbewerb im Marathonbabbla geba däd, no hätt den dr Mohammed ganz beschtimmt gwonna. Im Prinzip war's ja au gar net uintressant, was mir der Tunesier alles vozählt hat - bloß eba z'viel. Obwohl i die ganz Zeit im Wasser ghockt bin, isch mr doch tatsächlich nach ra weiterer Schtund mei Hirn total austrocknet gwä. Mit den Worten: „Ai will go bäck to se ruum to mek mi a bissle fresch" (was so viel heißt wie: I brauch jetz mei Ruah und geh auf mei Zimmer), wollt i mi ganz elegant aus dr Umklammerung lösa. Doch des Schlabbergöschle war auf Zack und hat gsagt: „Nou problem, ai si ju ät dinner" (was auf schwäbisch übersetzt heißt: I bsetz dir scho mol an Platz beim Obendessa).

Als i meiner Frau hab erklära wella, wo i die letschte drei Schtund gwäsa bin, hat sie bloß ganz kurz gmoint: „Den hasch jetzt" und war irgendwie froh, dass er sich auf mi und net auf sie eigschossa hat.

Dr Mohammed isch am halber Siebene scho wie dr Pfennich (Cent?) an ma Vierertischle ghockt und hat wie vorückt gwunka und gruafa, wo er uns hat komma gseha. S'ganze Hotel hat sich rumdreht und sich gfrogt, was do passiert sei könnt. Aber so macht mr scheint's in Tunis auf an freia Platz aufmerksam.

S'Essa im Hotel war so guat und reichlich, dass mr sich bloß gwundert hat, wie mr neba Kaua und Schlucka au gleichzeitig no schwätza kann. Mr will jo koin Schtoffel sei und schwätzt au mit de Leut, aber zwischadurch muass mr oifach dr Nahrungsaufnahme dr Vorzug gäba. Dr Mohammed hat's aber wirklich beherrscht, selbscht mit volla Backa noch einigermaßa voschtändlich zu babbeln. Au in de sonschtige Tischmaniera waret deutliche Unterschiede zu erkenna.

Uns hat mr irgendwann mol beibracht, dass mr d'Vorschpeis, dr Hauptgang und dr Nachtisch möglichscht in der Reihafolg veschpert, aber in Afrika herrscht a onders Schulsyschtem. Dr Mohammed hat sich glei von allem, was auf am Büffee gschtanda isch, ebbes gholt und aus sechs Teller und fünf Schüssla gleichzeitig gessa. Im Maga kommt sowieso alles zamma, von doher wär's egal gwä. Doch mei Frau und i, mir hent trotzdem schlucka müassa und unser Kloine hat bloß no Schtielauga kriagt. Vom erzieherischa Schtandpunkt her, war diese Urlaubserfahrung eher schlecht. Unser Tochter hat ab sofort jedesmol s'Eis glei vor de Pommfritz essa wella, was neba'm Mohammed pädagogisch leider net zu vohindra war.

Aus am Fernseha hab i gwisst, dass so Wüschtabewohner normalerweis nur heißa Tee trinka. Vielleicht hält's aber an Teil von de Araber mit de Lateiner: „Mens sana in campari soda" - oder so ähnlich. Auf jeden Fall war unser Tunesier weder in feschter noch flüssiger Form Koschtvoächter. Dr Mohammed hat über uns, mit unsere oinzelne Teller, beschtimmt au mitleidvoll denkt: „Andere Länder, andere Sitten", hat sich aber nix omerka lassa.

Er hat uns von seim Heimatland vozählt, vom politischa Klima, von dr Religion, von seiner Frau und seine Kinder. Sei Frau häb koin Urlaub kriagt und er hätt alloi auf'd Kanara müassa. Sonscht seia aber alle Tunesier im Sommer voreist, weil's dahoim viel z'heiß wär. Um die Jahreszeit dädat nur noch Kamel, Esel und Tourischta in Tunesia rumdappa und alles, was könnt, däd auf die kühle Kanara flüchta.

Im Laufe der Urlaubstage hent mir uns eigentlich immer besser mit ihm voschtanda. Mir hent Ausflüg und Obendschpaziergäng mitanonder gmacht und ihn hent genau die gleiche Sacha gfreut, wie uns au.

MAMPF
MAMPF
Schmatz!
Holiday
Ketchu

Er hat zwar von allem glei a Foto macha wella, aber des hat dr Sympathie koin Abbruch do. „Mohammed, for se Schternahimmel needsch koi fläschlait" (zum da Himmel knipsa brauchsch koin Blitzwürfel) - hat er aber net kapiert, so hat er halt jeden und alles oblitzt. Aber sonscht war er echt in Ordnung. Er hat sogar in seinera Schtudentazeit mol a halb Johr in Heidelberg auf'm Bau gschafft und do häb's ihm saumäßich gfalla. Oiner von seine Brüader sei au no in Pforzheim hänga blieba. „Ha des isch aber sauglatt" hab i gruafa und war ganz aweg.

Natürlich hent mir ihn, wenn er mol nach Deutschland komma sott, zu uns eiglada und er hat uns ubedingt au sei Tunis zeiga wolla. Mir waret a personifizierte Völkervoschtändigung und scho von doher war's doppelt so schad, dass der Urlaub so schnell vorbei war.
Am Abreisetag hat er uns no bis zum Bus begleitet, noch a paarmol knipst und gwunka und i moin grad, i hätt a Träne in seine Auga gseha, wo dr Bus losgfahra isch.

Auf jeden Fall isch dr Mohammed, trotzdem, dass er von ma ondera Kontinent war, an echt guata Dinger gwä. Ab und zua telefoniera mir heut no mitnonder (kurz natürlich, weil's an Haufa koscht) und er will uns zu Weihnachta a Päckle mit tunesische Guatsla schicka.

Manchmol merkt mr erscht in dr Fremde, dass es net bloß unter uns Schwoba rechte Leut gibt.

Fremde sind Freunde, die sich noch nicht kennen

Manchmal fühlt man sich hingezogen zu Menschen, die einem fremd sind.

Man bewundert die Lebensart oder das Aussehen, die Sprache oder das Verhalten. Oft wüsste man mehr über sie als Menschen. Leider traut man sich häufig nicht, auf Unbekannte zuzugehen, von denen man nichts weiß und hat Scheu davor, sie kennen zu lernen.

Es bleibt die Distanz, kühl und ungreifbar, zurückhaltend und ängstlich.

*

Wer den ersten Schritt wagt, kann die Trennlinie durchbrechen.

Und plötzlich schmilzt die undurchdringliche Wand wie dickes Panzerglas dahin.

Das Fremde geht verloren und Freundschaft kann beginnen.

*

Freundschaft und Nähe besteht aus überwundenen Entfernungen.

Geheimwaffe

Wer lässt oim weder Schlof noch Ruah?
Wen batscht mr mit am Schlappaschuah?
Wer ärgert oin, so guat er ko?
Wer schafft mit Links dr schtärkschte Mo?
Wer isch im Haus die gröschte Plog?
Genau - des isch ein blöder Schnok!

Wer sirmelt oim um'd Ohra rum,
hockt oim auf'd Nosaschpitza?
Wer schtupft ins Bäuchle mittanei
und duat oim d'Haut aufritza?
Wer bringt oin schier um dr Voschtand,
wen pfitzt mr gern an jede Wand?
Dr Schnok macht oin zum Dubbel
mit seine rote Hubbel!

Des Viech suacht mi als Opfer aus
und fährt sein Allmachtsschtupfer naus
pfeilgrad mitta ins Bluat.
Der saugt sich voll - und fühlt sich wohl,
wenn der mir Böses duad.

Doch i hab jetzt mei Nosa voll
von dieser Quälerei
und mach mit einem Geischtesblitz
a End der Sauerei.

Heut zeig i's ihm, dem Haderlump,
dem Dundersblitz, dem Alta.

Heut kriagt der von mir a Lektion,
die kann der sich fei b'halta!

Mit sieba Viertel Rotwei leg
i mi heut Nacht ins Bett
und schtreck mei Füaß zur Decke naus,
so wie's dr Schnok gern hätt.

Bald kommt der Siach - schtupft in mi nei
und saugt sich voll sein Ranza.
Fängt drauf voll Schpätburgunder o,
an Schnokaveitstanz z'tanza.

Im Muggalazarett sodann,
kriagt er die bittre Pilla:
„Koi Menschabluat - für alle Zeit,
um sich dr Glischta z'schtilla!"

Die Plagegeischter bin i los
trotz offenem Licht und Lüftung -
denn: „Wer mi schtupft holt sich bei mir
a Alkoholvogiftung!"

Philosophie - nach reichlich Weingenuss...

Von Haus aus ist es logisch eingerichtet:
„entweder" - „oder" wird uns vorgegeben.
Das Erdenrund ist nach Prinzip gewichtet:
„ein" oder „aus" - „hinein" oder „daneben".

Die Kuh trägt derenthalben nur ihr Horn,
damit ein jeder sieht, wo hinten und wo vorn.
Sogar die Bäume lassen sich nicht lumpen,
sie zeigen schnell wo oben und wo unten.

Die Frau als solche trägt den Hochmut in der Brust,
dem Mann hingegen schmerzt dabei die Rippe.
Der Unterschied liegt quasi auf der Hand,
zur Unterscheidung zwischen Adam und Xanthippe.

Im tiefen Meer
schwimmt nur der Leichte obenauf
oder ein Retter fasst den Schweren
grob am Schopfe.
Im leichten Wein
nimmt man Versenkung gern in Kauf
und obendrein Gedröhn vom schweren Kopfe.

Wenn selbst die Weisen wissen,
dass sie gar nichts wissen,
die Ältesten nicht klüger sind
als wie ein kleines Kind,
so wollen allesamt jedoch Prinzip nicht missen:
Es ist im Leben immer wichtig,
dass die Richtung stimmt!

Bioto(p)leranz

Es isch doch schö, wenn heutzutag, wo überall bloß no baut und betoniert wird, ab und zua no a bissle Natur übrigbleibt. Die Biotoperhaltung hat in unsrer Gsellschaft scho fascht so an hoha Schtellawert, wie's Mobiltelefoniera oder s'Formelois-Renna. Mr kann saga: Naturschutz isch nemme wegzudenka und jeder sott ebbes drzua do!

Sumpflöcher zum Beischpiel, so genannte Schnokabrutschtätta, hat's früher an jedem Waldrand geba. Wer dort so blöd war und im Sommer naus isch, der isch glei von Hundertschafta von Blutsauger vozwiebelt worda. S'gibt die Sumpflöcher zwar immer no, aber mr braucht nimme in Wald, um sich schtupfa zu lassa. Jeder Vor- und Kloigartabesitzer moint heut, er müasst an Gartateich ausgraba, wo sich hinterher sämtliches Viechzeug ugschtört entfalta kann. Mitta in dr Wohnbebauung dappt mr von oinera Algapfütza in die nägschd. Es entwickeln sich mitta in dr Schtadt die gröschte Schnokaschwärm, dass mr moina könnt, mr wär direkt am Bodaseeufer. Wer morgens net grad wie an Schtreuselkuacha ausseha will, muass sich dickedick mit Muggaabwehrmittela eireiba oder Schutzgitter und Blaulichtfalla eibaua. Die laue Sommerobende auf dr Terrass werdet zum Schpießrutalauf für ubedeckte Körperteil.

Aber d'Schnoka freut's! Überall sirmelt's und brummt's. Rossmugga und Wefza, Schpinnaviecher und Omeisa, Schmeißmugga und Schnoka. Wer do obends genüsslich a Schorle drinka oder gar ebbes veschpern will, dem vogeht von ganz alloi diese Art der Nahrungsaufnahme. Sobald bloß a Rädle Wurscht oder oi Fitzele Fleisch auf'm Teller liegt, werdet die Viecher regelrecht ogriffsluschtich. Scho nach kurzer Zeit geht mr wieder gern ins Wohnzimmer zrück und riegelt alles hermetisch ab. Dr Rescht vom guata Obendessa überlässt mr notgedrunga de Ogreifer.

So voursacht der Naturschutz psychische und körperliche Quala - **aber d'Schnoka freut's!**

Natürlich lässt sich des Uziffer bekämpfa, rein biologisch sogar. Mr muass nur a paar Goldfischla in sei Wässerle hocka. Die Tierla mega alles, was irgendwie wie Schnokalarva aussieht und schnappet nach allem, was zappelt. Diese Maßnahme wär vom Gedanka her im Prinzip net schlecht, bloß leider net sehr lang wirksam. Es gibt in Süddeutschland nämlich scho seit längerer Zeit a Fischreiher-Plog. Diese Riesavögel, wo früher ausschließlich an große See und Flüss ghaust hent, die fliaget heut Patrullije über unsere Wohngebiet und Gärtla. Wehe, s'glitzert irgendwo a kloine Wasserfläche - ujuihjuih - saut so ein Sauvogel wie ein Düsa-Tschät runter und pickt sich die schönschte Goldfisch und teuerschte Koi vom Präsentierteller, dass mr vor lauter Schreck sei Luftgwehrle net recht heba kann. Die Folge von so ma gefiederta Überraschungsogriff isch meischtens dr Totalverluscht vom wertvolla Fischbeschtand.

Aber d'Schnoka freut's! Die könnet sich wieder ugehindert vomehra und zu Prachtviecher aufwachsa.

*

Holt mr sich voller Freud im Frühjohr a paar Salatsetzling, no sind die doch scho am nägschta Morga von grüane Läus, schwarze Schneckla oder schtinkende Wanza bis auf dr Schtorzel gfressa (und wenn net von de Amsla rausgrissa).

Die Erfolgserlebnisse an ma selberzogena, schöna, schwera Salatkopf sind eher selta worda. Gelingt oim mit viel Blau- und Schneckakorn tatsächlich des Wunder, oi Köpfle durchzubringa, so will mr trotz Kloigärtnerschtolz au nach am vierta Mol wäscha nix drvo essa. Vozweifelt schmeißt mr sei besiedelte Eigaproduktio auf dr Komposcht und kauft sich an lausfreia Kopf im Lada.

Aber d'Schnoka freut's! Dr Garta ghört noch und noch am Uziffer alloi. S'biologische Gleichgewicht richtet sich neu aus und sorgt für klare Verhältnisse. Mr guggt zwangsläufich mit dr Zeit sein vowilderta Garta durch's gschlossene Fenschter o. D'Natur isch draußa und mr selber drinna! Für dringende Garta- bzw. Rodungsarbeita nutzt mr eba die kühlere Jahreszeit oder Regadäg. Do isch's Muggaaufkomma relativ gering und mr könnt, falls oin net friera däd, sogar mit näckede Füaß naus.

Die Biotopgläubige saget zwar immer, wenn's viele Insekta häb, däd's au viele Singvögel geba, aber die werdet, außer de Amsla, trotzdem immer weniger.

Als Bürger weiß mr doch gar nimme, was mr macha soll. A Sumpfloch ausgraba und alles wuchern lassa oder alles abschpritza und betoniera? Aber egal. Was mr duat, irgendwie hat alles koin Wert. Selbscht dene Leut, wo a Wohnung ohne oin Quadratmeter Garta mit Schnokaloch hent, bebbt dr Muggaschiss an de Fenschter.

Oh ja, wenn's wenigschtens no überall Mischthäufa vor de Häuser hätt. No wüsst mr ja, wo des ganze Muggaglump herkomma däd. Aber so sirmlet Myriada von anonyme Plogegeischter durch'd Weltgschichte und vor lauter Bio-Benommaheit traut sich koiner mehr, ebbes z'saga.

Gsellschaftlich isch mr heut uziffermäßig zur schweigsama Toleranz zwunga!

Aber d'Schnoka freut's...

Der letzte Schwabe
oder
ein Zoobesuch im Jahre 2179

(eine durchaus kritische Vorschau)

Vater und Sohn besuchen zusammen eine zoologische Besichtungseinheit im Freizeitraum S 21 (früher Großraum Stuttgart/Großeuropa). Der Sohn bleibt wie gebannt vor einem Gehege stehen:

Sohn: Du Baba, was isch denn des do für a Tierle in sellem Käfig?

Vater: Oh Bua, des isch koi Viech, noi, des sieht bloß so aus. Des do, des isch des letschte Exemplar eines so genannten „Schwaben".

Sohn: Ein Schwabe? Was soll denn des sei, Baba?

Vater: Weisch Bua, des isch gar net so leicht zu erklära. Ein Schwabe - ein Schwob - also die Schwoba - des sind vor ganz viele Johr die Leit gwä, wo hier in dieser Urbanisierungszone glebt hent. Des waret koi so richtige Leit wie mir, sondern halt a paar ganz Bsondere. Die ko mr mit de moderne Menscha von heut gar nimme vogleicha. Des waret die Oinzichschte, wo domols, vor noch vielleicht hundert Johr, von Eigaschtändigkeit träumt hent, wo scho alle Länder der Welt zu oinera oinzicha große Macht zammagschlossa waret.

Koiner hat aufgmuckt, net oiner! Aber noi, die Schwoba hent sich querschtella müassa! Fascht wär's domols im Johr 2068 zum Aufschtand komma. Do sind die aufmüpfich worda, do hat's richtig pfutzt. Sogar heut schwätzt mr no von dr „68er-Generatio", so arg isch des domols zuaganga. Um's vorecka hent sich die net opassa wella, wo aus a paar schpezielle Klon dr Einheitsweltbürger entschtanda isch.

Sohn: Aber der hier in seim Käfig, der sieht doch ganz normal aus!

Vater: Des täuscht Bua, die Schwoba waret net normal. Die hent alle an kloina Gendefekt ghet und waret deswega a bissle voschroba. Des hat mr „oiga" gheißa und war a ganz böse uheilbare Kranket.

Sohn: Mir fällt bei dem do nix auf!

Vater: Ja, bei oim alloi! Aber früher, wo's no mehr drvo geba hat, do war was los. Die Blitz, die hent sich früher hälinga troffa in so genannte „Voroi", bei „schwäbische Voaschtaltunga" und bei ondere konschpirative Sitzunga. Do hent die sich mit einer Art Geheimschproch unterhalta, wo koin Mensch voschtanda hat! Oh die Schwoba, des waret richtige Sauigel.

Überall hent die sich eimischa müassa! Des waret böse Dinger, jessasmäßich böse Dinger!

Sohn: *Gell Baba, aber dem do sieht mr's echt net o!*

Vater: Noi, so direkt net, aber grad des war ja des Gfährliche! Die Schwoba, die waret scho immer so dermaßa abgschlagene Hund. Die hent Sacha do, uglaubliche Sacha! Schtell dir vor Bua, von was die sich alloi ernährt hent. Auf wertvolle Landressourca isch von dene Riebelesköpf doch tatsächlich no „Obscht" und „Gmias" obaut worda. Riesige Flächa waret mit so genanntem „Getreide" versaut und als Gröbschtes hent se noch unsere schöne Sonnakollektorahäng mit dubiose „Wengert" veruschtaltet.

Sohn: *Was soll denn des sei, „Wengert"? Des hab i ja no nie ghört!*

Vater: Oh Bua, sei froh. Des isch no ebbes aus dr graua Vorzeit. Do hent die Schwoba noch so a Droge namens „Alkohol" benützt, um ihren Geischt a bissle aufzuhella. Und in eba dene „Wengert", do sind so komische „Trauba" gwachsa, wo mr a alkoholische Flüssigkeit draus gmacht hat. Ganz schlimme Zuschtänd waret des! Zum Glück isch dieses Treiba längscht von dr Weltregierung vobota worda.

Sohn: *Oh je, dann waret die Schwoba womeglich richtig böse Kreatura?*

Vater: Bitterbös waret die. Wenn mr sich des heut überlegt, war's eigentlich koi Wunder, dass die ausgschtorba sind. Alloi scho von dene Sacha, wo die gessa hent. Do däd's oim heut no freiweg dr Maga rumdreha. Proteine aus lebende Tierla, Eiweiße aus freiwachsende Pflanza, sogar natürliche Fette und Vitamine - ekelhaft! Alles war obadrei no verseucht mit Bakteria und Pilz. Bua, sei froh, dass du des net hasch erleba müassa!

Sohn: *Aber Baba, hat's früher no koi Pillanahrung geba?*

Vater: Ha scho, aber die Dickschädel von Schwoba, die hent sich liaber jeden Tag selber vogiftet, als wie die guate „Vitapharm-Pilla" zu schlucka.

Sohn: *Echte Lebensmittel und koi Pilla??? - Baba, mir kommt's glei hoch!*

Vater: I kann dir saga Bua, do sind früher Dinger glaufa, Dinger! I derf gar net drodenka. Die Schwoba waret solche Schofseckel, solche umenschamögliche Granatadackel! Des waret alle so boggelharte Furzklemmer, dass die oifach die Gesetze des Globalschtaats zur Eliminierung der „kriminellen Bodaschtändigkeit" ignoriert hent. Allen Ernschtes sind die für a oigene, regional ausgeprägte Verfassung demonschtriera ganga. Oigene Rechte hent die wella! Bua, des muasch dr mol Buchstäble für Buchschtäble durch dr Kopf geha lassa! Oigene Rechte und des im 22. Jahrhundert - so ebbes blöd's!!

Sohn: *Ja Baba, hat's denn so ebbes wie oigene Rechte überhaupt mol geba?*

Vater: Ha wenn i sag! Bei dene Schwoba, dene Scheraschleifer! Immer a Extrawurscht hat mr dene vorsetza müassa! Die hent koi Ruah geba und immer weitergmacht und pisackt und bohrt, so lang, bis s'Fässle voll war und's dr Schpunta obanaus gschlaga hat. Do hat mr se endlich am Schlawittich gnomma und eigschperrt!

Sohn: *Was moinsch du mit „eigschperrt"?*

Vater: Des war so: Aus dene ihr'm Siedlungsgebiet hat mr a Reservationszone gmacht mit Elektrozäun und Wachtürm und so und hat se do drinna sich selber überlassa. Des Schwobaländle war an Hochsicherheitsbereich und für alle ondere gschperrt.

Sohn: *Baba, hent die Schwoba do wirklich ihr oigenes Land ghet?*

Vater: Ja, uglaublich, gell? Jeder hat sei oigenes Plätzle ghet mit „Häusle", „Gärtle", „Hasaschtäll" und no mehr so sinnlosem Zeugs. Umögliche Zuschtänd waret des, des ko mr sich heut gar nimme vorschtella.

Sohn: *Gell Baba, do sind mir doch froh, dass mir heut im groſsa Kollektivwohnprojekt Urbanium West lebet. Mir brauchet uns um alles koi Sorga macha.*

Vater: Du hasch's erkannt Bua! Uns geht's heut guat. Aber die hagabüachene Schwoba früher, die hent sich no um alles selber kümmert. Die hent sich sogar noch Gedanka gmacht! Zum Glück isch heut alles von oba-runter gregelt und mir müasset selber an nix mehr denka.

Sohn: *Ach ja Baba, do geht's uns doch heut wirklich guat. Wenn i's bloß probiera däd, selber zum Denka und mir dann denka däd, dass mr heut noch zwunga wär, selber zum Denka. Oh, mir wird ganz onderscht, des isch net auszudenka! Do duat mir der arme Schwob in seim Käfig richtig leid. Der ko bloß noch do drinna hocka und vor sich noglotza.*

Vater: Ja, soweit hat er's bracht der Schwob. Aber so geht's oim halt, wenn mr sich net opassa will.

Sohn: *Du Baba, gugg amol, jetzt bewegt der sich sogar und kommt doher zu uns. I hab scho ganz Ongscht!*

(Tatsächlich wendet sich der letzte Schwabe den beiden zu und beginnt zu sprechen.)

Schwob: Heo, ihr zwei do! Hent ihr nix Bessers zum Do? Wenn'd ihr mir net glei aus dr Sonna gehet, no schlag i euch mit meiner Fünfzinketa a paar auf dr Dez, dass'r moinet, s'däd Dreckbolla hagla! Und deim Junga kannsch beibringa, dass mr ältere Leit net so muggafrech oglotzt. Machet bloß nore, dass'r weiterkommet, sonscht lernet ihr mi kenna!! Dr liabe lange Tag nix Gscheiter's z'Do als wie dr Riassel in onder Leit's Oglegaheita neiz'henka. Euch ghört amol oschtändich dr Marsch blosa, damit dr wisset, wo dr Bartl dr Moscht holt! Ihr Weltbürger-Gsox, ihr liadrichs!!

(Vater und Sohn sind erschrocken und baff. Eine Weile stehen sie sprachlos da und schauen sich an.)

Sohn: Baba - du Baba, der Schwob do, der schwätzt jo gradso wie mir!

Vater: Ja, i hab's ghört. I weiß au net, was i saga soll.

Sohn: Ha wie kann denn des sei? Wenn mir genauso schwätza wie der do, dann sind mir vielleicht am End gar a bissle mit dem Schwob do vowandt?

Vater: Ha noi... ... des ko doch net sei...

Sohn: In der Welterziehung hent mir glernt, dass mir alle von Klon 08/16 abschtamma.

Vater: Uns hat mr noch beibrocht, unsre Ahna wäret auf de Behm ghockt.

Sohn: Mensch Baba, i kenn mi nimme aus. Komma mir jetzt aus am Reagenzglas oder vom Affa oder vielleicht z'letschta no vom - Schwob?

Vater: Junger, mach mr bloß dr Gaul net scheu! Ab und zua hat mr zwar scho drvo ghört, dass oiner von dene Schwoba aus am Reservat ausbrocha sei, aber dass diese elende Ureiwohner ebbes mit unsere Vorfahra ghet hättet? Um's Universums willa Bua, so ebbes Furchtbar's derf mr sich ja gar net vorschtella...

Sohn: Gell Baba, bloß des net!

Vater: Komm, lass den Schwob, Schwob sei, mir laufa schnell weiter. Gugga mir uns liaber dohanna im nächschta Käfig no gschwind die „Bayern" o...

Geheime Kraft

Wer kann die schönsten Märchenschlösser
aus buntem Knet gestalten?
Wer lässt im grauen Nebelsee
den Schmetterling entfalten?
Wer will auf sanften Vogelschwingen
durch Geisterhöhlen schweben?
Wer knüpft aus einem Sonnenstrahl
ein Netz voll feiner Fäden?
Wer malt aus einem Tintenfass
ein kunterbuntes Bild?
Wer hat in einem Augenblick
das leere Nichts gefüllt?

Wie heißt die Kunst, die alles kann,
die uns im Griff hält und im Bann,
die selbst den größten Fels durchdringt
und jedem Geist die Freiheit bringt?
Wie heißt die Kraft? Komm sag mir wie!
Ist es die reiche Phantasie?

...koine Hemmunga

Eugen kommt mit Rebschere, Astschere und Handschuhe, Frieder mit „Baum"

Eugen: So Frieder, jetzt kannsch amol von mir lerna, wie mr richtich Behm schneid!

Frieder: Ha moinsch du, i bin do z'bled drzua?

Eugen: Quatsch Frieder, aber i war die letschte drei Wochaenda uff am Obschtboamschneidekursseminar beim Professor Zweigle höchschtpersönlich.

Frieder: Was'd net sechsch! No bisch jetzt ein Fachmo für Schtreuobschtwiesla?

Eugen: (stolz) Sozusaga! I weiß jetz, uff was's okommt! Des richtiche Behmschneida isch nemlich a Kunscht!

Frieder: Und i hab immer denkt, des wär a Saugschäft!

Eugen: Frieder, in dem Volkshochschualkurs hat mr mir d'Auga g'öffnet - jeder Boam isch ein Individuum und schtellt besondere Oschprüch! Do muass mr sich richtich droneiversetza, wenn mr sches Obscht haba will!

Frieder: *Ha du machsch mi ganz fertich, was du net alles weisch.*

Eugen: Ja, mr muass halt immer was für d'Bildung do.

Frieder: *Eugen, du könntsch mr doch mol zeiga, uff was mr do alles achta muass beim Schneida. I däd des au gern wissa.*

Eugen: (gönnerhaft) Frieder, natürlich zeig i dir des, du sollsch ja au net grad dumm schterba! Do macha mr glei ein praktisches Beischpiel!

Also, Frieder, jetz bass uff! Beim richticha, fachmännischa Boamschnitt muasch uff folgendes achta: Als erschtes muasch alle Wasserschossa runterschneida, des gibt bloß Holz und koi Obscht!

(schneidet) So - so - so und so. Dann schneid mr die zweijährige Trieb zrück uff Dragzapfa! Sodele (schneidet). Dann guggsch nach Wildverbiss, Hagelschäda, krebsiche Äscht und butsch solche Schtella radikal raus bis in's gsunde Holz - so - so - so... (schneidet). Dann muasch druff achta, dass deine Schnittschtella sauber und glatt sind, damit dr koine Pilz neihocket!

(Eugen schneidet erstaunlich viel und ziemlich radikal. Zuletzt stehen nur noch 2/3 kurze Äste. Frieder hat die Sache erkannt und will Eugen noch etwas herauslocken)

Frieder: *Des isch aber net glatt dohanna!*

Eugen: Dann schneid mr's eba nochmol! (schneidet, es steht nur noch der Stamm)

Frieder: *Aber so kann's Wasser net ablaufa.*

Eugen: Dann schneid i's halt schräg (schneidet mit der Astschere runter bis auf 40/50 cm). So, perfekt!

Frieder: *(betrachtet den Stumpen) Und deshalb warsch du uff am Seminar?*

Eugen: Ja - ähm - ah... ... hasch du noch nie ebbes vom sogenannta Volkshochschual-Wurzelschnitt ghört?

Das letzte Haar

Von einst der Jugend voller Pracht
blieb nur ein Haar allein.
Ein einz'ges Haar thront auf dem Kopf -
das Letzte dünn und fein.

Und ist's auch einzig weit und breit,
so zeigt es sich voll Stolz,
„schaut her, ich bin der letzte Held,
ich bin aus hartem Holz."

Die Freiheit ganz allein zu sein,
genießt das Haar mit Wonne.
Von allen Seiten wärmt es sich
im lichten Schein der Sonne.

Es muss nicht kämpfen um den Platz
im dichten, vollen Schopf.
Es darf sich legen wie es will,
allein ihm ist der Kopf.

Es braucht die Bürste nicht zu fürchten,
auch nicht den groben Kamm.
Das Haar ist einem Leuchtturm gleich
und steht von selber stramm.

Doch fällt es aus, das letzte Haar,
so denke: S'ist mir schnuppe.
Tust du dies nicht, dann findest du
(es raubt dir Tag und Nacht die Ruh)
ein Haar in deiner Suppe.

Unerwünscht?

Bleib mr jo fort mit deim dumma Gschwätz!
    - schimpft sein Freind

Dir zeig i glei, wo dr Zimmermo s'Loch glassa hat!
    - schreit dr Wirt

So muasch grad weitermacha, no kommsch ganz
gwiss net in Himmel!
    - moint dr Pfarrer

Du kannsch mir gschtohla bleiba!
    - keift sei Frau

Wenn'd net glei weiterkommsch, schlag i dir a paar
an Ranza no!
    - droht dr Nachbr

Der kann gwiss net von mir sei!
    - ärgert sich sei Muadr

*

Bringet an no!
    - freut sich dr Dodagräber

Im Grunde zutreffend...

Dr alte Gottliab liegt im Schterba,
er ko schier nimme schnaufa.
Do kommet seine große Söhn‘
schnell no mol zu ihm glaufa.

Sei Lisbeth sitzt scho an seim Bett
und hebt am brav sei Händle.
Dr Gottliab haucht: „Jetzt isch soweit,
jetzt schlägt mei letschtes Schtündle."

Und wia se no so vor sich wartet,
do rutscht am Ältschta raus:
„Wo halta mir dr Leichaschmaus,
wenn's mit am Vatter aus?"

Die alte Frau, no voller Träna,
die moint: „I lauf so schlecht,
mir gehet glei in'd Trauba nei,
des Wirtschäftle wär recht."

Do sagt dr Jüngscht: „Ha Muadr, noi,
do drin kosch doch nix essa -
in Ochsa sott mr, des wär guat,
die Traub‘ kannsch grad vogessa!"

„Ihr send net gscheit", weiß do dr Ältscht,
„in'd Sonna muass mr hocka,
do gibt's an rechta Fasswei drin,
do bleibt koi Kehla trocka!"

Z’mol mischt sich gar dr Gottliab ei,
mr ko en kaum no höra:
„So gehet doch in’d Linde nei,
des wird doch koiner schtöra.”

Auf oimol werdet alle laut:
„In‘d Traub!” - „in’d Sonn!” - „in Ochsa!”
„Willsch du uns von deim Schterbebett
no in dei Linde boxa?”

„Im Ochsa isch dr Wurschtsalat
dr bescht im ganza Flecka!”
„Vom Sonnawirt seim Trollinger
muasch jedsmol schier vorecka!”

„Die Trauba isch die billichscht Beiz!”
„I glab, du hasch an Macka!
Do hängt dir glei, wenn’d ebbes ißsch,
dr Kakerlak an’d Backa!”
Do haucht dr Gottliab s’letschte Mol:
„Des wär mei letschter Wille:
So gehet halt in’d Linde nei
mit Andacht und mit Schtille.”

Doch d’Lisbeth war scho obaauf
und zudem nimme z’halta
und schtaucht jetzt ihren Gottliab zamm‘,
er soll sei Goscha halta.

„Du hasch dich hier net eizumischa”,
drückt sie ihm oine nei,
„mir geha no, wo uns des passt,
du bisch jo net drbei!”

Warum's im Schwobaländle koin Sündafall gäba hätt...

(eine durchaus gewagte, aber möglicheTheorie)

Im Paradies hat einscht dr Mensch
recht ubefanga ghaust,
noch nacket, uschuldich und bloß
sich dort vor gar nix graust.

Er bäschtelt hier und schäffelt do,
er werkelt, macht und duat -
richt sich sei Paradiesle ei;
s'war eigentlich ganz guat.

Doch dann - dr Adam - geh voreck,
hat selle Schnapsidee:
A Frau, a liabe Frau muass her,
no wär's nochmol so schö!

Bloß so zum Schwätza sott vielleicht
so a nett's Menschle her.
I frog amol dr liabe Gott,
ob do was z'macha wär.

„Ha freile Adam, gib mir gschwind
an Breggel von deim Ripple,
no mach i dir, grad wie du willsch,
a liebendes Xantipple."

Dr Adam freut sich wie a Kind:
I kriag a Frau - juchee -

mit so ma Weib im Paradies
isch's doch nochmol so schö.

Dr Herrgott lässt durch seine Hand
a Evale entschteha
und sagt: „Wenn'd brav bisch darfsch, wenn'd willsch,
zum Adamle neigeha."

Da laufet se nun Hand in Hand
durch Eden's schöna Garta,
doch's Evale, des Lumpamensch,
die ko's schier net vowarta.

„Du Adam, siehsch du sellen Bohm
mit Äpfel übervoll?
Moinsch, du beissch nei, wenn i dir ois
von dene Früchtla hol?"

Und d'Eva hebt oi Äpfele
dem Adam vor sei Göschle,
sie zwinkert mit de Äugela
und sagt: „Beiss nei, mei Fröschle!"

„Ha beiss doch nei, des schmeckt so süß,
sell Schlängle hat mir's disselt.
Jetz trau di halt und zier di net,
no wirsch von mir voküsselt!"

Doch unser Adam war an Schwob
und hat auf's Bäumle guggt.
Vor lauter Glischda hat er z'mol
scho trocka nundergschluckt.

Saitawürschtla
im Paradies

„Noi Eva, i hab überlegt,
du kannsch glei alle schüttla,
i helf drzua, no duan mir Zwei
des volle Bäumle rüttla."

„Mensch Adam, s'langt doch scho oin Biss
und du erlebsch dei Wunder.
So'n „Bittafelder", der ziagt nei,
potzblitz und heidadunder!"

„I beiß net nei, i geb fei Acht,
wer weiß, was oin des koscht.
Aus dene schöne Äpfela -
mach i a Fässle Moscht!"

liab gmoint...

mei nett's Scheißerle,
mei goldich's Grottle,
mei herzich's Deifele,
mei klois Schtinkerle,
mei knuddalich's Riebeleskopfle,
mei frech's Schlabbergöschle,
mei doggich's Bobbele,
mei ruaßich's Dreckoimerle,

i kann dir gar net saga, wie arg i di mog...

Die Gedanken sind frei...

Es gibt scho so Täg, do kann's oim als dermaßa langweilig sei, dass scho bald nimme schö isch. So langweilig, dass mr grad schtinkich werda könnt.

Natürlich könnt mr ebbes gega die Langeweile macha, aber no müasst mr sich rega - sich oschtrenga - ebbes do! Doch do drzua fehlt oim, wenn's oim langweilig isch, erscht recht d'Luscht!

Mr könnt, also, em Fall mr wöllt, sich ja bloß mit seim Hirn in ebbes neidenka. Nur so auf am Schässloh liega bleiba und seine Gedanka freia Lauf lassa. Oifach bloß an's Schaffa denka...

- mr däd sich die tollschte Sacha vorschtella...
- mr däd a neues Häusle baua - ganz alloi - ohne oin Handwerker...
- mr wär ein Käpsele und könnt alles selber...
- mr wär ein Hochleischtungsschportler...
- ein Heldatenor...
- ein Multimillionär...
- oifach so, ohne oin Handschtreich...
- mr könnt fliaga, überall in dr Weltgschichta rum...
- mr däd mit einem Klasseweib am Südseeschtrand rumwergla...
- mr däd a unbekanntes Grab von ma ägyptischa Pharao ausgraba...
- mr wär ein absolutes Gscheitle mit ma Intelligenzquotient von weiß net wie viel...
- mr däd sämtliche Regischter an erlaubte und

unerlaubte Gedanka ziaga, die mr sich bloß denka könnt, nur weil's oim langweilig wär...

- mr däd so lang in Gedanka vor sich notriala, bis dr Tag rum wär - ugschafft...
- mr könnt sich ärgern, weil mr des, was mr eigentlich hätt do solla, net do hat...

Und trotzdem wär mr net mit sich uzfrieda. Noi, mr wär eher viel ausglichener und reläxter. Denn schließlich wüsst mr ja jetzt, was mr doch für an Saudinger sei könnt...

Glückliche Fügung

Dem Ochsen gibt das Wasser Kraft,
den Menschen hilft der Rebensaft,
drum danke Gott als guater Chrischt,
dass du kein Ochs geworda bischt.

Traumwelt

Ich träume, tauche ein in Welten,
schemenhaft, den Wolken gleich.
Träumend kann ich lautlos schweben,
fließend, schwerelos und weich.

Vergangenes wird uns im Traume
in die Zukunft projeziert.
Unterdrücktes kommt nach oben,
von Zauberspiegeln reflektiert.

Selber sind wir traumgefangen,
der Zauber spielt mit unsren Sinnen.
Träumend blicken wir auf uns
und können träumend nicht entrinnen.

Will man durch die Träume fliehen,
so gelingt's dem Träumer nicht,
denn die Traumwelt schließt uns ein -
Träume haben viel Gewicht.

Nur im Traume sind wir frei,
aber nur, so lang wir träumen.
Träumend ist es uns egal,
ob wir Wirklichkeit versäumen.

Nach dem ersten Liderschlag
halb wachend, aber noch im Traum,
kann man noch kurze Schritte tun
und erreicht vielleicht den Saum.

Die Grenze zwischen hier und dort,
jenen geheimnisvollen Ort,
wo in feinen Lichtesblitzen,
die innersten Gedanken sitzen.

Schnell verschwimmt das Traumgebilde,
die Erinnerung verblasst.
Der Fluss aus dieser Sinnesquelle
wird in keinem Krug gefasst.

Bruchstückhaft bleibt uns erhalten,
was man im Traume hat gesehn.
Träume, was habt ihr enthalten?
Träume, was ist heut geschehn?

*

Träume sind wie Vogelschwingen,
die sich sanft zum Flug erheben
und in Ruhe immer wieder
mit schwerelosem Traumgefieder
durch die freien Räume schweben.

Ehrfurcht vor dem Alter

So an guata Wei -

oiner, wo scho a paar Jährla auf am Buckel hat,
oiner, wo dabei immer besser worda isch
und alles hat, was an guata Wei braucht;
muass mr in Ruhe trinka,
selber, ganz alloi,
ganz langsam neilaufa lassa
und die viele Jährla wo'r auf am Buckel hat
mit Odacht an dr Kehla vorbeiziaga lassa
bis nunder in's Mägele,
bis nunder in'd Füaß,
bis nauf in'd Ärm und in'd Fingerschpitza,
bis nauf in dr Kopf.

So an guata Wei, den muass mr in sich wirka lassa,
mr muass sich ganz öffna,
voll und ganz
und immer wieder neilaufa lassa,
oi Schlückle um's ondere
bis d'Bäckla rot sind,
bis d'Äugla glänzed,
bis d'Zunga tormeld,
bis oin selber schlenkert.

So ma Wei -
so ma guata, alta Wei
derf mr ruhig sei Alter oseha!

Gesegnet

Wein -
heute stehst du vor uns im Glase, bereit, dich zu opfern und alles zu geben.
Wie kamst du auf diese Welt?

Most -
voller Zucker und Kraft schäumst du über im Fass, täglich neu geht dein starker Atem.
Wer lässt dich entstehen?

Saft -
frisch und süß rinnst du aus der Presse. Du klebst auf unseren Lippen, beinahe noch warm von der herbstlichen Sonne.
Wie bist du so stark geworden?

Traube -
reif und prall hängst du im Weinberg, sonnenbeschienene Verbindung zwischen Erde und Himmel.
Welch edler Gönner lässt dich wachsen?

Rebstock -
durch den Winzer gehegt, vom Wetter verwöhnt, vom Boden gestärkt -

von Gott gesegnet.

Herbst

Wenn früh am Morgen sich in leichten Senken
die ersten feinen Nebelschleier zeigen,
dann bist du da, um reich uns zu beschenken,
eröffnest deinen bunten, vollen Reigen.

Wenn sich die roten Trauben
vom Blau ins tiefe Schwarz verfärben,
dann bist du da mit deinem großen Segen,
füllst uns die Körbe übervoll -
ja, Überfluss an allen deinen Wegen.

Man sieht sie noch,
die umgebroch'nen Stoppelfelder,
auf denen goldenhell der Weizen stand
und werden auch die Tage langsam kälter,
so wärmt die Sonne kraftvoll noch das Land.

Mit warmen Farben, bunt
und fließend wie ein Aquarell
verändert sich die Welt.
Kein Künstler, ja kein Pinsel malt so schnell
wie Meister Herbst, allein auf sich gestellt.

Von den Zweigen glänzen Früchte
herrlich reif und voller Saft.
Sie leuchten uns im Sonnenlichte
und zeigen uns des Herbstes Kraft.

Alle Früchte, die im Garten,
die im Acker sind bereit,

ernten wir in deiner Obhut -
Herbst, du bist die Erntezeit!

Füll uns Keller, Fass und Scheuer,
spare nicht mit deinem Lohn.
Deine Gaben sind uns teuer -
lang ersehnt von Vielen schon.

Rosen tragen letzte Blüten,
herrlich, edel, dichte Fülle.
Die sonst glänzend grünen Blätter,
nun mit Mehl bestäubter Hülle.

Der ganze Garten zeigt die Farben,
das ganze Spektrum wird erfasst.
Zu hoffen wäre, dass noch lange
das Leuchten nicht durch Frost erblasst.

Im Flug vergeh'n die schönen Wochen
und Regenschauer, kühler Wind
vertreiben, was vom Sonnenherbste
geblieben war, nun fort geschwind.

Die dicken, kalten Regentropfen,
sie waschen schnell die Farben aus;
ein starker Wind weht tote Blätter
an stille Winkel hinter's Haus.

Kahle Zweige, graue Farben
drücken oft uns auf's Gemüt.
Novemberherbst mit deinem Nebel,
machst du nicht nur die Blicke trüb.

Melancholie ist deine Stimmung,
doch nur ganz kurz hast du die Macht.
Wir kommen schnell zur Neubesinnung -
uns're Gedanken gehen sacht
schon auf die nahe Winterreise,
wir planen, streben weit voraus.
Gemütlich in den warmen Stuben
treibt man die Düsterkeit hinaus.

Herbst, du zeigst, was möglich ist:
Zur Freude stellt sich der Genuss,
der Reichtum, den du uns bescherst,
ist wie ein intensiver Kuss.

*

Ein jeder neue Morgen hat gewiss,
egal ob sonnig oder trübe,
seine Bestimmung für das Jahr
als Rad im ewigen Getriebe.

Hinter jedem toten Blatte
liegt die junge Knospe scheu
und sie zeigt, dass zwar vergänglich,
stetig doch und jährlich neu.

Herbst, du schenkst uns reichen Segen
immer wieder wunderbar.
Herbst, in deiner Fülle liegt
die Hoffnung für das neue Jahr.

Eine kühle Geschichte

Wie freut i mi am letschta Samschtag
auf a heiß' Vollbad wunderbar,
um mi a bissle zu vowöhna,
so durchgeschlottert wie i war.

I ziag mi aus und dreh am Hahna,
will's Wännle fülla bis an Rand,
schütt mir vom teura Badesalz
an Haufa nei im Uverschtand.

Glei schteig i nei, ganz langsam sachte,
in meine herrlich heiße Brüah.
Voll Wohltat fährt mir's durch die Glieder -
ein Wonnebad nach Tages Müh.

Doch sapperlot, was isch au des,
kalt Wasser kommt ja aus am „Warma"?
Lieb's Herrgöttle von Biberach,
hasch du mit mir heut koi Erbarma?

Dr Boiler isch scho lotterleer,
mein „großer Onkel" wird scho bleich.
Die ganz Familie hat scho badet -
und i liag jetzt im kalta Soich.

Was mach i bloß? Mi friert's am Bauch
in meiner halba Badewanna.
I dreh mi um, mein Bauch will auch
sich wärmend lösa und entschpanna!

Scho kriagt dr Buckel Gänsehaut,
drum rutsch i schnell auf'd Seita.
Lass erscht mei links und dann mei rechts
Bäckle ins Wasser gleita.

I find koi Ruah - die Kälte nagt
am Leib mit allen Zipfeln.
Oh könnt mr net in dieser Not
a Tässle Glühwei süpfeln.

So langsam löst sich alles auf,
die Wonne samt am Dreck.
I ziag dr Schtöpsel und geb auf
und flugs isch beides weg.

Von Kopf bis Fuaß und au von inna
bin i totsicher unterkühlt.
Net oiner do, wo mit mir bibbert
oder gar Mitleid hat und fühlt.

S'isch immer's gleiche samschtagsobends,
mr friert und schlottert bis in'd Pora
(ja mancher hat auf diese Weis'
gar bitterbös sei G'mäch vofrora!)

Doch des passiert in diesem Leba
mir niemols mehr, i dua net kuscha,
wenn i mol wieder bada will -
leck mi am Arsch, no dua i duscha!

In der Stille

Wenn sich die Vogellieder ganz leis‘ zur Ruhe legen
und selbst der Wind sein letztes Hauchen gibt,
will sich kein Blatt und keine Feder regen,
weil Stille alles in den Schlummer wiegt.

Wenn man nun selbst ganz sanft die Ruhe findet,
sich fallen lässt, wie schwerelos in freiem Raum.
Sich lösen kann von allem, das verbindet,
träumt man vielleicht den klaren, schattenfreien Traum.

Jetzt ist die Stunde, um ganz tief zu hören,
tief ins Inn’re, in sich selbst hinein.
Ein jedes Wort würde sofort zerstören
die reinen Töne, die so dünn und fein.

Das schwache Rauschen in den Kapillaren
durch die dein Blut bis an die Grenze dringt.
Den Pulsschlag, der als Lebensmotor
die Wärme in die fernsten Stellen bringt.

Und zwischen beiden Stimmen,
zwischen dem Rauschen und dem Herzensschlag,
hört man Musik, wie auf den Wellen schwimmen,
die dir in dieser Stunde spielen mag.

Kannst du es hören, kann es zu dir dringen
bekommt das Unmessbare deutliches Gewicht?
Es sind Gedanken, die im Dasein klingen
und mit dem Körper und der Seele singen.
Es ist dein Geist, der fast unhörbar spricht.

Wo kommet bloß die Schtrohschternla her?

Gell, euch isch des beschtimmt au scho aufgfalla, mr kann's au überhaupt net überseha. Der glitzernde Weihnachtsschmuck hängt ja überall scho monatelang vor dem eigentlicha Fescht in de Gschäfte und Fußgängerzona rum. Kugla, Bändela, Girlanda, Lichterketta und was weiß i noch alles. Diese blendende Fülle will uns die Besinnlichkeit des Weihnachtsfeschtes näherbringa. Dabei soll uns dieser Schmuck doch eher zum Kaufa orega, schtatt zum Denka. Do muass mr scho zweimol gugga und darf sich net von dem Glitzerzeug täuscha lassa.

Vielleicht findet sich ab und zua au noch so a ganz oifaches, von Hand bäschteltes Schtrohschternle, fascht uscheinbar zwischa all dene ondere und meischtens au no künschtliche Schmuckschtücke. So a Schtrohschternle isch ebbes ganz Oigenes für sich. Wenn mr d'Auga richtig aufmacht, no sieht mr, wie des kloine Ding von ganz alloi leuchtet und schtrahlt.

Falls mr im vorweihnachtlicha Trubel noch Zeit zum Denka hat, schtellt mr sich jetzt vielleicht die Frog Wo kommet denn überhaupt die Schtrohschternla her? Nun, um des beantworta zu könna, müassed mir so ugfähr zweitausend Jährla zrück geha. Zu dieser Zeit hat des mit der Schtrohschternbaschtlerei ogfanga. Um die ganze Sache jetzt aber für den Leser verschtändlicher zu macha, hab i die

Handlung, aus der unter anderem die besagte Schternla hervorganga sind, hier auf's Schwobaländle übertraga.
Es könnt nämlich au grad so guat hier, mitta unter uns, passiert sei...

*

Maria: Genau so hab i mir's vorgschtellt! Da laufa mir scho tagelang den schtoiniga Weg von „Trochtelfinga" (damit wäre hier das biblische Nazareth gemeint) bis hierher und jetzt isch die Herberg vollgschtopft mit lauter Leut!

Josef: Ha moinsch du, i kann do ebbes drfür? I bin doch net auf die Idee komma, dass mr die ganz Eiwohnerschaft von unserm Ländle zähla muass. Do brauchsch du mit mir gar net bruddeln!

Maria: Auf Josef, jetzt schtell di net so o! Frog halt den Wirt, ob er net a Ausnahm macha kann! Bei mir könnt's doch ällaweil so weit sei!

Josef: I hab den Kerle doch scho gfrogt und ihm gsagt, was los isch. Aber dieser Dunderwetter hat gmoint, ohne entschprechend viel Diridari däd nix laufa. Bloß wenn i ihm a ordentlich's Säckle rüberwachsa lassa däd, no däd er vielleicht a paar ondere Gäscht nausschmeißa. Dein Zuschtand isch dem Dinger grad egal gwä.

Maria: Oh Josef, d'Leut sind bloß noch auf dr Pulver aus. Was soll des noch gäba auf dieser Welt? Was solla mir jetzt nur macha?

Josef: Da hinta, gugg num, in dem baufälliga Schtall, da könna mr übernachta. Do drfür hab i diesem Kerle mei letschte Hosaknöpf geba.

Maria: Ja wie? Hasch du nix mehr im Geldbeutel? Isch scho alles ausgeba?

Josef: Ha moinsch du vielleicht, die Volkszählerei wär umsonscht? Der Auguschtus lässt sich den ganza Aufwand ganz schö zahla. Alloi s'Formular über unsere Familiavohältnisse hat an Batza koscht. Obadrei muass mr no an jeder Wegkreuzung dene Legionäre an Obulus berappa, dass oim schlecht wird. Und jetzt - jetzt hocka mir in Markgröninga (wer im Religionsunterricht aufpasst hat, der weiß, dass damit Bethlehem gmoint isch) und sind blank.

Maria: Josef, reg di net auf! Wenn's koi Zimmer langt, no langt's eba an Schtall. Wer weiß, vielleicht isch's sogar besser so. Do sind mir wenigschtens unter uns.

Josef: *Ja scho, aber in an Schtall neiliega, des müasst au net grad sei. Maria, also wenn's dir nix ausmacht, mei Sach isch's net.*

Maria: Josef, du brauchsch di gar net so oschtella, du hasch doch vor zwei Wocha selber oi Nacht im Schtall gschlofa, wo du mit deine Freind bis dusala gfeiert ghett hasch.

Josef: *Also des, des war doch au was ganz anders. Schließlich bin i ja au net schwanger gwä, sondern bloß a bissle ogsäuselt.*

Maria: Ja, ja, bei euch Männer isch des immer ebbes anders. Komm, helf mir jetzt von dem Esel runter, dass mir in den Schtall neikomma - sodele.

Josef: *Gugg, do in dr Ecka, do isch a bissle Platz. Jetzetle - so, do leg i unsere Decka aus.*

Maria: Ah, duat des guat, endlich noliaga. Arg viel länger hätt i's auf unserm Esele nimme ausghalta.

Josef: *Moinsch, du kannsch a bissle schlofa? Morga wird's doch beschtimmt wieder an oschtrengender Tag. Dr Auguschtus will scho um halber Achte alle Leut auf'm*

Marktplatz beianonder haba. Weisch Maria, wenn's bei dir net grad an dr Zeit wär, no wär die ganze Gschichte halb so schlimm. Aber bei dr letschta Vorsorge-untersuchung hat dr Dokter gsagt, dass genau am heutiga Tag dr Termin sei könnt. Oh, hoffentlich geht alles guat!

Maria: Also Josef, des müassa mr jetzt grad nehma wie's kommt. Wenn's heut Nacht sei soll, no isch's eba heut Nacht! Moinsch, mir sottet no unsern Esel rei-hola? Wer weiß, vielleicht schtehet bei dene viele fremde Leut sonscht morga Früh zwei do!

Josef: Ja guat, i bind'n do an dr Balka no. Soll i dir noch a bissle Schtroh bringa, dass du net so hart liega muasch?

Maria: Des wär net schlecht - du könntsch au no gschwind in d'Herberg nüber und a Schüs-sel mit Wasser hola.

Josef: Trink doch lieber a Apfelsaftschorle, des wär doch gscheiter, wie bloß Wasser.

Maria: Josef, des Wasser braucha mir vielleicht für ebbes Onders, i glaub nämlich fascht, es isch soweit.

Josef: O Gott - o Gott - s'geht los! Ach du liebe Zeit! Schnell, schnell, i brauch saubere

Tücher und a Nabelschnurklämmerle und a Schüssel mit heiß Wasser und - und...!

Maria: ...und am beschta a paar Valiumpilla! Josef, was i jetzt brauch isch koi heiß Wasser (des braucht mr bei ra Geburt übrigens nie, aber koi Mensch weiß des),was i jetzt brauch, des bisch du!

Josef: Moinsch, i kann des? I war doch noch nie bei ra Geburt dabei? Soll i net doch lieber d'Hebamm oruafa?

Maria: Josef, komm her und heb mi ganz fescht!

Josef: Maria, i glaub, mir wird schlecht.

Maria: Halt durch, gleivoll isch's soweit... ... ...

Josef: Maria, unser Kindle isch do! Oh wie schö, unser Kindle isch do! Maria, unser Kindle...

Maria: ...Josef, s'isch guat, beruhig di wieder, sonscht fliagsch du mir noch um. Jetzt bisch so guat, hebsch's ganz vorsichtig hoch und legsch's her zu mir. Des Kindle will zu seiner Mutter!

Josef: Oh Maria, do gugg her, isch des net a herrlich's Büable. I glaub, des isch's schönschte Büable auf dr ganza Welt.

Weisch du noch, was mir uns für an Nama ausgsucht hent, Maria?

Maria: Ha freile, des Buale, des isch unser Jesuskindle. Du sottsch vielleicht a klois Lägerle herrichta, wo mir unser Büable neilega könnet. Guggsch mol rum im Schtall, ob irgendebbes Brauchbares do isch.

Josef: *Dort drüba schteht a kloine Futterkrippa, do dua i a bissle frisches Schtroh nei - so, no wird's scho geha. Des isch zwar a bissle schtupfich, aber nix Besser's isch net do.*

Maria: Des wird aber unserm Herbergswirt seine Rindviecher net gfalla, dass du ihne d'Krippa wegnimmsch. Aber was soll's, heut Nacht isch unser Kindle wichtiger wie a paar leere Kuahmäga.

Josef: *Jetzetle - scho fertich - a wunderbares Bettle für unser Büable. S'isch doch guat, dass i beim Geburtsvorbereitungskurs drbei war. So, jetzt no ganz vorsichtig wäscha und dann kriagsch du a prima Windele rum. Du, Maria, in welcher Tasch hasch du denn die Windele drin?*

Maria: Die sind in dem gflochtena Korb, aber weisch du überhaupt noch, wie mr a Kindle wickelt?

Josef:	*Glernt isch glernt, i bin quasi ein Wickelprofi! So, oimol links rum, oimol rechts rum, untadurch - dr Schnellverschluss draufbebbt und scho isch's fertich!*
Maria:	Was für an Schnellverschluss?!
Josef:	*Ha ganz oifach. I hab von dem Muggafänger dort zwei Breggala abgrissa und scho hat's ghoba!*
Maria:	Muggafänger? I halt's net aus! Was soll i mit dir noch macha?
Josef:	*I weiß gar net, was du willsch, unserm Büable gfällt's. Des liegt so friedlich in seim Krippele drin, s'hat sogar scho d'Äugla zua.*
Maria:	I glaub, mir sottet alle a bissle schlofa, morga Früh isch d'Nacht rum. Guat Nacht Josef.
Josef:	*Schlof gut Maria. Erhol dich a bissle!*

*

Eine Weile herrscht himmlische Ruhe in dem kleinen Stall. Das Kindlein döst friedlich in seiner Krippe. Sogar die Tiere im Stall sind still und wollen heute Nacht nicht stören.

Da, mitten in der Nacht dringt ein heller Lichtschein durch das löchrige Dach hindurch und verleiht dem Raum ein sonderbar goldenes Leuchten. Plötzlich geht die Türe auf und fremdländisch aussehende Gestalten kommen leise herein. Ihnen folgen noch eine ganze Schar von Hirten und Mägden von den Feldern und aus der Herberge. Alle sammeln sie sich um die kleine Krippe, knien nieder und legen die Hände zum Gebet zusammen. Manche fassen sich auch an den Händen und halten sich eine Zeit lang ganz fest. Sie spüren, wie eine große Kraft sie alle zusammen in einer neuen Gemeinschaft verbindet. Einige der fremden Besucher legen wertvolle Geschenke unter die Krippe. Alle schauen sich mit großen, leuchtenden Augen an.

So stehen sie noch eine ganze Weile da. Dann verlassen sie still und leise, so wie sie gekommen waren, den Stall und schließen vorsichtig die Türe hinter sich. Alles geschieht fast wie im Traum und doch ist es Wirklichkeit.

Etwas Großes muss in dieser Nacht geschehen sein!

Maria und Josef können die Geschehnisse gar nicht alle fassen. Sie sind auch viel zu müde, um in dieser Nacht alle Eindrücke zu verarbeiten. Doch endlich können sie bis zum frühen Morgen noch ein wenig Schlaf finden.

Josef: *Maria, bisch du scho wach?*

Maria: No net so richtich und du?

Josef: *I glaub fascht noch, i träum. Heut Nacht waret so viele Leut bei uns im Schtall, alle hent nach unserm Jesuskindle guggt, kaum oiner hat ebbes gschwätzt. Des war a Schtimmung, wie wenn der ganze Raum verzaubert gwä wär.*

Maria: Josef, i weiß au net, was i saga soll. I kann's gar net recht glauba, was do heut Nacht passiert isch. Mir isch fascht so, als ob des gar net Wirklichkeit gwä wär.

Josef: *Aber Maria, do gugg her, do lieget noch die Gschenkla von dene vornehm ozogene Herra. Do gugg, des isch koi Traum!*

Maria: Noi, s'isch tatsächlich wahr. Unser Kindle isch so reich beschenkt worda, obwohl mir die ganza Leut überhaupt net kennet und mir doch bloß arme und oifache Leut sind. Und woher die überhaupt gwisst hent, dass mir heut Nacht hier in dem Schtall sind. Ob des wohl mit rechte Dinge zuageht? I weiß net - i weiß net, was i saga soll...

Josef: *I kann mr's au net erklära. Isch dir heut Nacht net au dieses bsondere Licht auf-gfalla, schtrahlend hell und mitta aus dr Dunkelheit? Vielleicht schteht unser Kindle unter mr bsondera Schtern, wer weiß.*

Maria: Ja, vielleicht hasch du recht Josef. Irgendwie hab i au so a Ohnung.

Josef: Also, i pack halt jetzt die Gschenkla zu unsere ondere Sacha auf dr Esel drauf. Wenn mr scho ebbes gschenkt kriagt, no kann mr's ja au onehma. Do wolle mir net so sei.

Maria: S'isch guat Josef, i wär dann au soweit. I bind mir nur noch gschwind s'Kindle um, no könna mir geha.

Josef: Ja, s'wird Zeit, s'isch scho glei Siebene. I sag bloß no schnell dem Wirt Bscheid, dass mir wieder abreisa.

*

In der Herberge zählt der Wirt voller Zufriedenheit die Einnahmen der vergangenen Nacht. In der Küche wird bereits das Wasser für den heutigen Eintopf aufgesetzt. Nach und nach verlassen alle Gäste das Haus und es kehrt wieder Ruhe ein.

*

Josef: Also, Herr Wirt, mir reisa ab. Dankschö nochmol, dass mir heut Nacht im Schtall hent schlofa dürfa.

Wirt: Scho recht - übrigens war des geschtern Obend net bös gmoint, aber mir waret in dr Herberg halt scho total überbelegt. Was macht denn au ihr Frau? Geht's ra ordentlich?

Josef: *Ja scho. Heut Nacht isch unser Kindle auf d'Welt komma. S'war a bissle umschtändlich im Schtall, aber s'isch scho ganga.*

Wirt: I hab fascht a schlecht's Gwissa, aber geschtern war eba so viel los, do hab i für euch koin Kopf ghett. Aber i lass euch drfür von meiner Küchamagd a rechts Veschper eipacka. I glaub, des könnet ihr jetzt guat braucha.

Josef: *Ha des wär doch net nötich...*

Wirt: ...aber ganz unötich au net!

Josef: *Also, dankschö nochmol.*

*

Josef kommt mit einem gut gefüllten Vesperkorb in den Stall zurück. Der kleine Esel muss all die schweren, zusätzlichen Lasten auch noch auf seinen Rücken nehmen und trabt mühsam den steinigen Weg in die Stadt hinunter. Dort begeben sie sich pünktlich um halb Acht auf den großen Marktplatz, um sich von den kaiserlichen Schreibern registrieren zu lassen. Als sie die Formalitäten hinter sich haben, bleiben sie noch eine Weile in der Stadt, bevor sie sich auf einem schmalen Pfad wieder in Richtung Heimat begeben. Von einer Kuppe aus sehen sie, wie eine Horde bewaffneter Reiter auf die unter ihnen liegende Stadt zueilt ....

Im Stall unterdessen will eine der Mägde die Tiere mit frischem Wasser, Heu und Stroh versorgen.

*

Magd: Ja was isch denn des für a Sauerei? Wer hat denn die Futterkrippe da hinta in d'Ecka numgschleift? So lange Häls hent doch unsere Küah net, dass die so fressa könntet. Oh, mr sott's net für möglich halta. Jetzt ko i des schwere Glump wieder nach vorne lupfa.

*

Als sie die Krippe wieder vorstellt, macht sie plötzlich eine sonderbare Entdeckung. Noch ist es früher Morgen und es fällt kein Sonnenlicht in den Stall und trotzdem strahlen die Strohhalme in der Krippe in hellem Schein. Sie funkeln in einem solch herrlichen Glanz, als ob sie mit kostbarem Blattgold überzogen wären.

*

Magd: Ha was isch jetzt au des? Des isch aber mol a komisches Schtroh. Des leuchtet ja heller wie a Hundert-Watt-Birnle! I glaub, des geb i unsere Viecher net zum Fressa, des dua i mir auf d'Seite. So a leuchtendes Schtroh isch doch viel z'schad zum Fressa!

*

Sie legt sich die goldenen Halme vorsichtig in ihre Schürze, versorgt die Tiere und bringt das gesammelte Stroh heimlich in ihre Kammer. Immer wieder bastelt sie nach Feierabend daraus wunderschöne, leuchtende Sterne. Wie durch ein Wunder erhellen diese Strohsterne mitten in der Nacht das dunkle Zimmer. Das leuchtende Stroh reicht für viele Sterne und so hängen mit der Zeit in allen Fenstern der Herberge diese feinen, strahlenden Gebilde. Schon von weitem fällt auf, dass dieses Haus etwas Besonderes ist. Jeder Reisende, der an dieser Herberge vorbeikommt, hält staunend inne und bewundert das Leuchten in den Fenstern. Bald hat sich die Kunde über diesen einfachen, aber wunderbaren Schmuck weit über die Stadt hinaus herumgesprochen.

Überall in den Dörfern und Städten werden nun Strohsterne gebastelt. In allen Größen und Formen kann man sie bewundern. Ja, bald gibt es kein Haus mehr, das nicht mit diesen leuchtenden Sternen geschmückt ist.

*

Josef: *Du Maria, weisch du noch, wie des damals war in dem Schtall? Do hat doch dieses himmlische Schternalicht so hell durch's*

Dach gschiena. Alles war in so ma uheimlich herrlicha Glanz.

Maria: Ja, dieses Leuchta geht mir gar nimme aus am Kopf.

Josef: Mir au net, i muass immer wieder drodenka. Jedesmol, wenn i ois von dene neumodische Schtrohschternla in de Fenschter hänga seh, no isch mir's, als däd I genau dieses Schternalicht wieder seha.

Maria: Ja Josef, i glaub, du könntscht recht haba.

Josef: Gell.........

***

Oh du fröhliche...

Des schöne an dr Weihnachtszeit isch die Schtille, die Ruhe und Behaglichkeit. Jetzt isch die Gelegaheit, dr Trubel vom ganza Johr oifach hinter sich zu lassa und sich neu zu besinna. Dr Geischt kann sich endlich wieder öffna und mr kann dr weihnachtliche Sega in sich wirka lassa.

Mr sott diese kurze Phasa dr inneren Eikehr, die oim zwisch'm Weihnachtsbrötlesbacka und dr Gschenkleskauferei, zwischa de diverse Weihnachtsfeiern und am Kärtlesschreiba, zwischa de Weihnachtsmärktbsiach und de Adventsausschtellunga - also oifach, die kurze Zeit, die oim am Heiligobend mittags zwischa Elfe und Zwei bleibt, intensiv nutza, um des innere Gleichgewicht wieder herzuschtella.

Ja, vollkommene Entschpannung wär im Prinzip möglich gwä, wenn net oiner vogessa hätt, an Chrischtbaum zu bsorga. Dr oi hat vom ondera denkt, er sei längscht do und der Mangel isch erscht bemerkt worda, wo'd Frau gsagt hat: „Holsch dr Baum rei?!" Dabei war i felsafescht drvo überzeugt, dass mei Frau diesjohr dr Baum kauft, weil mr an meim letschtes Johr koi guat's Hoor glassa hat. Mei Frau hat so über die ogebliche Krücka gschumpfa und sogar d'Kinder hent gfrogt, wo oba und unta sei.

Doch zum Weihnachtsfescht ghört eba an Baum und eba au oin Dumma, wo an bsorgt. Widerwillig hab i mi zur Suche aufgmacht. Es heißt ja: „Wer sucht, der findet", aber so direkt an Heiligobend war dieses Bibelwort eher a wenig schwierig umzusetza. Dr Chrischtbaumhändler auf'm Markplatz war scho nimme do und au am nächschta Schtändle sind bloß no volorene Nodla rumglega. „Oh je, oh je, des kann ebbes gäba, Weihnachta ohne Baum!" In Gedanka hab i scho unser schöne serbische Fichte im Vorgarta umgmacht, do isch mir der Werbeslogän von seller Baumarktkette eigfalla, in der's ogeblich alles gäba däd.

So bin i dann in'd Schtadt neigrast und hab voller Freid des Transchparent gseha: Großer Weihnachtsbaumverkauf! „Gott sei Dank", hab i denkt und bin in den Markt neigschprunga wie dr Siadich. De Schilder nooch hättet die Bäum im Freigelände schteha solla, doch i hab weit und breit koin gseha. Aus de Lautschprecher hat's „*Oh du fröhliche*" gscheppert und mir isch's ganz onderscht worda. Endlich hab i einen freundlicha Verkäufer gfunda, der auf mei Frog nur ein mitleidloses „mir sind scho lang ausverkauft" goschelt hat. In mir sind apokalyptische Schreckensbilder eines schiefhängenda Haussegens aufgschtiega, an dem i schiergar verzweifelt wär. Wie ein Blitz hat mich dann aber innerlich dieses Weihnachtsbaumverkauf-Transchparent durchzuckt, an dem nebadro ein Chrischtbäumle obunda gwä isch. Dr Verkäufer hat gmoint, des Tännela sei uverkäuflich, weil des koin Schtrichcode häb. Wo i ihn no aber höflich ogschria hab, dass er

sich sein gschissana Schtrichcode sonschtwo noschtecka könnt und i scho seit Johr und Tag dr beschte Kunde wär und zudem der Werbeslogän an Fall für de Owalt sei, hat er mir doch des Bäumle rausrücka müassa.
Glücklich hab i des Gwächs mitsamt am Schnee in'd Heckklappa neigschtopft und bin mit Vollgas hoimpfiffa.

Wo no des Nordmännle im Wohnzimmer aufdaut war, mei Frau dr nasse Teppichboda aufgsaugt und die Harzschleifez grad so rausbracht hat, sind mir endlich an's Schmücka komma.

A richtig schönes Bäumle isch's gwä, a bissle teuer, aber zum Glück koi so a Gurka wie vorichs Johr! D'elektrische Chrischtbaumkerza, d'Glaskugela, d'Schtrohschternla, s'Lametta - mr hat's wirklich ogugga könna! Nur die blöde Chrischtbaumbirnla hent net brenna wella. I hab dr Schtecker und s'Kabel überprüft und jedes oinzelne Birnle rausgschraubt und vor's Licht ghoba. Die erschte 15 waret eiwandfrei, bloß des voflixte 16. Glump isch hi gwä. Ausgrechnet s'Letschte! So a elektrische Beleuchtung funktioniert aber nur, wenn alle Birnla brennet. Und unsere isch eba net ganga und des grad an Weihnachta! Zu jeder ondera Johreszeit wär uns des ehrlich scheißegal gwä, aber so - noi - so hat mr's net lassa könna! Nach kurzer Phase der Hoffnungslosigkeit hat mei Frau gmoint, dass mr so Birnla beschtimmt au im Baumarkt kriaga däd.

I hab ehrlich nemme aus am Haus wella, weil's draußa au scho zum Schneia ogfanga hat. Doch die Kinder hent no mit Blärra ogfanga und dr Schnee war scho vogessa. S'erschte, was mr an dr Eigangstür vom Baumarkt zu mir gsagt hat, war net „Fröhliche Weihnachten", sondern „mir macha glei zua!"

Chrischtbaumbirnla hab i denkt, suacht mr am beschta in der Elektroabteilung. Doch als Kunde soll mr viel kaufa und net so viel denka und deshalb suacht mr do vogeblich. Es waret alle Sorta von Birnla im Ogebot, aber net ois für dr Chrischtbaum. Leicht überheblich hat der zuschtändige Abteilungselektriker gmoint, so ebbes hättet sie net. Und wenn sie so ebbes hättet, dann vielleicht vorna im Weihnachtsmarkt in dr Garta-Abteilung.

Wo mi dr Abteilungsleiter hat saua seha, hat er vorsichtshalber schnell wieder die rot-weiße Abschperrkette runterglassa. „Chrischtbaumbirnla!", hab i gschria, „i brauch ganz schnell Chrischtbaumbirnla!" Der guate Mo wollt behilflich sei oder wahrscheinlich glei Feierobend macha und hat frogt: „Was braucha sie denn für welche?" „Ha - für unser Nordmannstanne!", hab i erwidert. Doch die Auskunft hat dem Kerle oscheinend net glangt. I hab ihm vogliggert, dass i des Bäumle für 59,00 Mark-Euro vor zwei Schtund hier im Baumarkt kauft häb und jetzt s'passende Birnle drzua braucha däd. Do hat mir der Saudackel was von Volt und Watt vozählt und dass ihm dr Baum egal sei. So eine Frechheit, also wenn des mei Frau ghört hätt, unser

schönes Nordmännle und egal, do hätt's qualmt in dr Gartaabteilung. Do wär Bescherung gwä - scho mittags am Zwei.
Notgedrunga bin i dann endlich mit fünferlei voschiedene Birnla als letschter Kunde nauskomplimentiert worda.

Dahoim sind sie alle scho schier vozwatzelt, weil sie denkt hent, s'wär ebbes passiert. Aber oi Birnle hat schließlich passt und d'Wohnschtuba war endlich wunderschö erleuchtet.

I selber hab an sellem Tag nemme viel braucht. Scho am Viertelneune bin i während dr Weihnachtsgschicht selig eigschlummert und hab friedlich von Glühbirnla und Baumärkt träumt. Nebaher hab i ganze Nordmanns-Tannawälder umgsägt und ab und zua an tiefer Seufzer glassa.

*

Ja, der menschliche Geischt holt sich sei weihnachtliche Besinnungseiheita. Wenn's sei muass, in ma voschlofana Heiliga Obend!

Dahoim

Dahoim -
des kann dahoim sei
oder au woanderscht.

Dahoim -
bei dr Frau oder beim Mo,
bei de Kinder,
beim Opa, bei dr Oma,
bei de Gschwischter,
bei seine Freind.

Dahoim -
im Gärtle,
im Gschäft,
im Voroi.

Dahoim -
in dr Mundart,
in Gedanka,
in dr oigena Welt,
im Herza.

Dahoim -
kann überall sei,

wenn mr will.

bisher erschienen:

... dr Schwobaseckel
Band 1 - 132 Seiten ISBN 3-9806999-1-9

... dr Schwobaseckel
oder grad wia aus am Leba
Band 2 - 132 Seiten ISBN 3-9806999-0-0

... dr Schwobaseckel
oder so geht's zua im Ländle
Band 3 - 132 Seiten ISBN 3-9806999-2-7

... Rotzböbbela und andere Kataschtrophen
176 Seiten ISBN 3-9806999-3-5

... Saitawürschtla und weitere umegliche Tatsacha
176 Seiten ISBN 3-9806999-4-3

Zu erhalten im Buchhandel oder direkt beim
Verlag Albeck, Kirchgasse 14, 74223 Flein